Deutsch für ELITEN

Roland
Kaehlbrandt

Deutsch für ELITEN

Ein Sprachführer

Deutsche Verlags-Anstalt
Stuttgart

Die Deutsche Bibliothek – CIP-Einheitsaufnahme

Kaehlbrandt, Roland:
Deutsch für Eliten : ein Sprachführer / Roland Kaehlbrandt. –
2. Aufl. – Stuttgart : Deutsche Verlags-Anstalt, 2000
ISBN 3-421-05186-0

Überzuggestaltung: Markus Mutz, Stuttgart
Satz: DTP im Verlag
Druck und Bindearbeit: Clausen & Bosse, Leck
Printed in Germany
ISBN 3-421-05186-0

Inhalt

Vorwort **7**

Glossar **9**

Substantive 9

Verben 124

Adjektive 150

Andere Wortklassen 171

Nachwort **179**

Index 187

Vorwort

Wie soll es Anmut, wie Zauberreiz in der Gesellschaft geben, wenn man sich nicht jene sanfte Spötterei gestattet, welche den Geist anregt und selbst dem Wohlwollen einen schärferen Ausdruck verleiht?
(Madame de Staël, Über Deutschland)

Trotz aller Klagen über mangelnde Förderung für Hochbegabte – es gibt Eliten in Deutschland. Freilich nicht mehr in der Geschlossenheit wie einst Adel und Bildungsbürgertum. Es bietet sich eher ein Kessel Buntes dar: Fußballspieler sitzen neben Wissenschaftlern, »Darsteller« neben Kirchenfürsten, Pop-Stars neben Mittelständlern, Talkmaster neben Unternehmensberatern, Models neben Politikern; doch alle sitzen in der ersten Reihe.
In der ersten Reihe wird auch und vor allem gesprochen. Zwar pflegen die verschiedenen Eliten ihren jeweils eigenen Jargon. Doch oberhalb der Milieu-Jargons gibt es eine Art übergreifendes Elitedeutsch, das den Diskurs des fin du siècle prägt: Vom *interdependenten Beziehungsgeflecht* bis zur *partiellen Vollverkabelung*, vom *zentralen Eckpfeiler* bis zum *Markenbewußtsein*, von der *deutschen Leitkultur* bis zur *Immobilienethik*, vom *intelligenten Parkhaus* bis zum *wachsenden Desinteresse*, von *ich sag' mal* bis *und, und, und* reicht das elitedeutsche »Worten der Welt«.
Dieser Sprachführer lädt ein zum Flanieren durch die Kathedralen elitedeutscher Sprachschöpfung. Er ist

aber auch eine Handreichung für angemessenes und selbstbewußtes Sprachverhalten in der Gesellschaft. Knappe Artikel erläutern die elitedeutschen Sprachbarrieren, helfen dabei, sie zur Seite zu räumen – und sie sogleich wieder hinter sich aufzustellen. Denn »Deutsch für Eliten« ist – ebenso wie der darin behandelte Jargon – Ausdruck und Katalysator sprachlich-sozialer Differenzierung in der Massengesellschaft. Im Unterschied zu rein wissenschaftlich-beschreibenden Kompendien enthält der vorliegende Sprachführer zahlreiche Hinweise für die Sprachpraxis: Ratschläge zum richtigen Gebrauch werden erteilt, Warnungen vor Sprachrisiken offen ausgesprochen. Und mit Blick auf die ausgeprägte deutsche Streitkultur gibt das Wörterbuch nutzerfreundliche Tips für die Bewältigung heikler Gesprächssituationen.
Dem etwaigen Vorwurf, mit diesem Sprachführer letztlich einer Renaissance der Klassengesellschaft den Weg zu bereiten, wird vorsichtshalber mit dem Hinweis begegnet, daß »Deutsch für Eliten« gerade den semantisch Benachteiligten *eine Brücke bauen* hilft.

Roland Kaehlbrandt
im Dezember 1998

Glossar

Substantive

Achtundsechziger (m. pl.) Kein Jahrgang französischer Rebsorten, sondern Generation, die mit den sogenannten Flakhelfern zu beiderseitigem Verdruß eines gemein hat: Beide Jahrgänge haben die kurze Geschichte der Bundesrepublik geprägt. Aus Sicht konservativer und liberaler Eliten verkörpern die *Achtundsechziger* eine Reihe von Werten, die im Gegensatz zu entschlossener sozialer Differenzierung stehen: Gleichheit, Solidarität, Antiautoritarismus. Wenn Sie sich diesen Eliten nähern wollen, so ist es opportun, die *Achtundsechziger* für alles verantwortlich zu machen: für Rücksichtslosigkeit im Straßenverkehr, verspätete Züge, Talk-Shows, Gewalt in den Schulen, Porno-Welle, Kirchenaustritte, Analphabetismus, Rechtschreibreform, Handtaschenraub; überhaupt für Schlendrian, Korruption und Verwahrlosung. Doch Vorsicht! Einiges heute Unverzichtbare hat die Generation dem ausgehenden Jahrhundert überliefert: ⇒Dialogbereitschaft, ⇒Offenheit und Psycho-Seminare.

Aktivität (m.) In einer Zeit rastlosen Schaffens und einander übertreffender Superlative sind die herkömmlichen Bezeichnungen für tätiges Sein nicht mehr ausreichend. Wer heute Verantwortung trägt, hat Anspruch darauf und tut gut daran, seine Werktätigkeit unter dem Begriff *Aktivität* (besser, weil wirkungsvoller, im Plural:

Aktivitäten) firmieren zu lassen. Schließlich ist ⇒Arbeit mit dem Hautgout schweißtreibender Mühewaltung behaftet und erinnert – für postmoderne Verhältnisse unpassend und unelegant – an vergangene sozialhistorische Epochen. So zum Beispiel an Friedrich Engels, der in seiner Schrift »Die Rolle der Arbeit bei der Menschwerdung des Affen« biologisches und historisches Pathos mit der Entfaltung purer Muskelkraft verknüpft – heute übrigens eher unter »Fitneß« verbucht. Wem *Aktivitäten* zu wenig sind, der greife zur Sicherheit auf den gebräuchlichen Pleonasmus *Handlungsaktivitäten* zurück.

Akzeptanz (f.) Wenn Sie im Privatleben zu dem Schluß kommen müssen, daß eine Person X Sie »nicht mag«, dann haben Sie – übertragen auf den beruflichen Kontext – ein *Akzeptanzproblem.* Als zeitgemäßer, eng begrenzter Ausschnitt des Gefühlslebens für berufliche Zwecke bündelt *Akzeptanz* streng funktional das positive Gefühlsminimum der friedlichen Koexistenz in sachbestimmten Lebenszusammenhängen. Die Lösung des *Akzeptanzproblems* besteht übrigens weniger darin, daß Sie Ihr Verhalten gegenüber X ändern, als daß Sie X dazu bringen (oder daß X von anderen dazu gebracht wird), sein Verhalten Ihnen gegenüber zu korrigieren. Im weiteren Kontext, aber mit gleicher Einstellung, ringen zuweilen Unternehmen oder Wirtschaftszweige um *Akzeptanz* in der Öffentlichkeit oder in bestimmten ⇒Zielgruppen, vorzugsweise nach wirtschaftlichen Einbrüchen, internen Krisen oder betriebsbedingten Störfällen. *Akzeptanz* bezieht sich auch auf die Verkaufszahlen eines Produkts und ist daher Gradmesser der

Marktpenetrierung. (Die Parallele von »Penetrierung« zum biologischen Paarungsvokabular ist zufällig.)

Alternative (f.) Wenn Sie in einem Streitgespräch eine andere Auffassung als Ihr Gesprächspartner vertreten, so handelt es sich dabei um eine *Alternative*. Im Unterschied zum Standpunkt Ihres Kontrahenten erlaubt Ihre Stellungnahme jedoch keine *Alternative*. Meldet Ihr Kontrahent unter Verletzung dieser Spielregel dennoch eine eigene *Alternative* an, so verlangen Sie zwei Vorschläge. Beharren Sie auf der exakten Bedeutung, der zufolge die *Alternative* zweigliedrig ist, also die Wahlmöglichkeit zwischen zwei Vorschlägen meint. Zwei kompatible, aber unterschiedliche Vorschläge werden Ihrem Gegenüber nicht so leicht einfallen. Lenkt Ihr Kontrahent ein und stellt seinen und Ihren Vorschlag als »zwei Alternativen« dar, so verwirren Sie ihn, indem Sie Ihm nachweisen, daß er in Wirklichkeit das Gegebensein von vier Wahlmöglichkeiten behauptet.

Ambiente (n.) Ein Kaffeeröster führte vor Jahren den Begriff des »Aromas« ein, das soviel heißt wie »Ausdünstungen gerösteter und zermalmter Kaffeebohnen«. Ebenso hätte es bedeuten können: »Geruchsreiz, der von abgeschabtem Lesesessel-Samt ausgeht«. Gleichviel! Aroma gehört inzwischen zum festen Fremdwortbestand aller. Ebenso verhält es sich mit *Ambiente*, das daselbst als *rustikales Ambiente* gebräuchlich ist. Inter-Coiffeusen schwärmen eher vom *Ambiente auf Fuerteventura*.

Anfaßbarkeit (f.) Besondere Eigenschaft innovativer sozialdemokratischer Politiker. Sind sie schon nicht zum Anbeißen, so wollen sie doch wenigstens zum *Anfassen* sein. Wer trägt übrigens die Reinigungskosten für zerknitterte Anzüge und zerknautschte Übergangsmäntel? Seien wir nicht kleinlich. Immerhin freuen sich die Frotteure der Republik! Und schließlich bedeutet *Anfaßbarkeit* ja noch nicht, daß innovative sozialdemokratische Politiker tatsächlich von jedem *angefaßt* werden dürfen. Denn *Anfaßbarkeit* ist nur eine Möglichkeitsform.

Ängste (f.pl.) Sie wollen sich auch einmal von Ihrer menschlichen Seite zeigen? Keine Angst! Sie brauchen dazu nicht einer evangelischen Männer- oder Frauengruppe beizutreten oder einen größeren Betrag der Johanniter-Unfallhilfe zu spenden. Sprechen Sie dagegen bei gegebenem Anlaß (private Einladung, späte Stunde, Rotweingenuß) von Ihren *Ängsten*. Das ist Ihnen peinlich? Keine Sorge! Um dieses Wort hat sich ein Mikroklima behaglicher Betroffenheit gebildet. Wenn Sie ganz sicher gehen wollen, fügen Sie *Ängste* in eine längere Aufzählung ähnlicher Begriffe ein, zum Beispiel: *Ängste, Sehnsüchte, Träume, Hoffnungen* und *Erwartungen*. Sie brauchen dabei – und das ist das Gute – keineswegs zu benennen, wovor Sie sich ängstigen oder was Sie ersehnen, erträumen, erhoffen oder erwarten. Von Ihrem scheinbaren Freimut tief beeindruckt, schweigt die Runde und fragt nicht nach. Sie können natürlich auch von den *Ängsten* anderer sprechen, etwa so: »Man muß die Menschen mit ihren *Ängsten, Sehnsüchten* und *Hoffnungen* ernst nehmen.« [siehe auch ⇒Dimension, ⇒Horizont, ⇒abholen].

Anpassung (f.) Bezeichnet im derzeit gängigen gesellschaftlichen Verständnis die naturnotwendige Position des einzelnen gegenüber dem ⇒Wandel, insbesondere dem Strukturwandel. Nicht das Individuum oder Kollektive bringen den Wandel hervor; vielmehr ist der Wandel eine metaphysische Größe, die außerhalb des Menschen wirkt, ihn aber vollends beherrscht. Zwar bezieht sich der Wandel im heutigen Verständnis ausschließlich auf menschliche Hervorbringungen, nämlich Produkte, soziale Verhältnisse und Einstellungen. Deren Summe bringt gleichwohl in gängiger Sicht eine dem menschlichen Zugriff entzogene Eigendynamik hervor, eben den Wandel. Dessen Substanz und Verlauf ist durch divinatorische Weisheit geprägt. Der Wandel ist grundsätzlich richtig. Ihn in seinem Weg aufhalten oder von seinem Weg abbringen zu wollen, käme einer mittelalterlichen Gotteslästerung gleich. Die Qualität des einzelnen und der von ihm geschaffenen ⇒Strukturen ist daher nicht durch Kriterien wie Originalität, Eigensinn oder Genialität zu bestimmen, sondern an der *Anpassung* an den übergeordneten Wandel zu messen. Nicht das Handeln nach eigenem Entwurf zählt, sondern die sekündlich neu zu vollbringende *Anpassung* an sich ständig ändernde äußere Notwendigkeiten.

Anstrengung (f.) Nach den fetten siebziger und achtziger Jahren, deren Überfluß studentische und intellektuelle Minderheiten zur dekadenten Kritik an Werten wie Leistung und Erfolg verleiteten, hat die Knappheit der Kassen die gute alte *Anstrengung* wieder salonfähig gemacht. Damals als Inbegriff schweißtreibender altdeutscher Tugenden herabgewürdigt, gilt die *Anstrengung* heute als Gegenbild zum Laisser-faire hedonistischer Sozialhilfeempfänger. *Anstrengung* meint dabei grundsätzlich die *Anstrengung* anderer. Ihren Tribut an die Postmoderne zollt die wiederentdeckte Tugend, indem sie weniger als körperlicher Einsatz daherkommt, sondern gern in Form einer *neuen Kultur der Anstrengung*.

Anwendung (f.) Im Unterschied zu »Umsetzung« nicht das Anwenden von ⇒Konzepten oder innovativen Ideen; auch nicht etwa der Vorgang des Anwendens, wie man eigentlich angesichts der Endung *-ung* vermuten dürfte; sondern vielmehr das praktische Ergebnis des Anwendens selbst. *Anwendungen* beschränken sich bislang auf die Oberfläche von PC-Software. Gut denkbar ist aber durchaus eine Ausweitung der Art von Begriffsverwendung auf andere Sachverhalte. So wären Sie selbst beispielsweise eine *Anwendung* aus der genetischen und sozialen ⇒Vielfalt der menschlichen Gattung.

Arbeit (f.) Je mehr die bezahlte *Arbeit* schwindet, desto beliebter ist es, den Begriff der *Arbeit* auf Tätigkeiten auszudehnen, welche bislang nicht einem Beschäftigungsverhältnis unterworfen waren: *Erziehungsarbeit, Trauerarbeit, Beziehungsarbeit*. Damit verliert *Arbeit* ihr Bedeutungsmerkmal der Entgeltgebundenheit, während die »Tätigkeit« schlechthin das Merkmal der gesellschaftlichen Notwendigkeit erhält. Diese Bedeutungsverschiebung ist als semantischer Beitrag zur Bewältigung des Problems der Arbeitslosigkeit zu werten.

Arbeiter (m.) Einst revolutionäres Subjekt sozialistischer Heilslehren, heute vorzugsweise Synonym für arbeitswütige Spitzenkräfte. Mit dem Niedergang des Sozialismus und der zunehmenden sozialen Differenzierung in den westlichen Industriegesellschaften hat der *Arbeiter* seine frühere politische und soziale Bedeutung weitgehend eingebüßt. Damit ist der Begriff frei geworden für einen zeitgemäßeren Bedeutungsinhalt. So lautet der Titel der Biographie eines Spitzenmanagers »Memoiren eines *Arbeiters*«. Warum auch nicht, trennen doch den prominenten Sanierer nur wenige Nullen von einem herkömmlichen *Arbeiter.*

Aufgeregtheiten (f.pl.) haben den alten Begriff der »Aufregung« abgelöst. In beruflichen Auseinandersetzungen kann der Begriff wirkungsvoll dazu verwandt werden, die moralische Empörung anderer als unsachgerecht zu disqualifizieren und zugleich die Begrenzung emotionaler Energieentfaltung auf ein handhabbares Maß einzufordern. Gegenüber der alten »Aufregung« weisen die *Aufgeregtheiten* ihren Benutzer als analytisch denkenden Menschen aus, der den Gefühlsschub seines Kontrahenten als Gesamtheit einzelner Triebkräfte zu deuten versteht.

Ausfluß (m.) Aus dem Medizinischen stammender Begriff, mit schmerzhaften und wenig ästhetischen Symptomen verbunden. Um so unverständlicher und irritierender ist es, daß der *Ausfluß* im Sinne von »Folge« oder »Konsequenz« so gern verwandt wird. Hinweis: Gebrauchen Sie *Ausfluß* nur in Verbindung mit negativen Ursachen und ebensolchen Folgen.

Banker (m.) Neuhochdeutsche Form von »Bankier«. Während den Bankier noch die Aura des Grandseigneurs umgab, hat der moderne *Banker* das auf Diskretion, Seriosität und altem Geld fußende Berufsbild abgestreift und gibt sich nun anglophil und managementorientiert. Der Vorzug des *Bankers* beruht darauf, daß im Unterschied zur leitenden Position des Bankiers nun jeder in einer Bank Beschäftigte sich als *Banker* bezeichnen kann: vom Sachbearbeiter in der Buxtehuder Außenstelle bis zum Chefvolkswirt. Dies ist Ausdruck flacher Hierarchien.

Baustelle (f.) In der deutschen Bauwirtschaft kriselt es schon seit längerem. Doch besteht Grund zur Hoffnung, denn es gibt wieder ⇒mehr *Baustellen* im Lande. Noch dazu in ⇒Bereichen, die der Bauwirtschaft bis dato verschlossen waren. Die Markterschließung erstreckt sich sogar auf alle möglichen Vorhaben. Vom Kauf des Zweitwagens über den Abschluß einer Ausbildungsversicherung bis zur Gestaltung einer Homepage im Internet: alles *Baustellen*. Das Zeitgemäße an der *Baustelle* ist ihr unfertiger, provisorischer Charakter. Besonders beliebt ist eine weitere Bedeutung der *Baustelle*: »Das ist meine *Baustelle*« hört man gegenwärtig oft als Aufforderung, sich nicht in Vorhaben anderer einzumischen. Ein zukunftweisender ⇒Beitrag zur Ankurbelung der Volkswirtschaft!

Bedarf (m.) [Zunehmend auch im Plural beliebt: *Bedarfe*] Was das »Bedürfnis« im Privatleben, ist der *Bedarf* in professionellen und gesellschaftlichen Zusammenhängen. Gerade in Krisenzeiten avanciert der

Bedarf zu einem Schlüsselbegriff wirkungsvoller Argumentation. Denn nicht etwa derjenige, der Bedarf hat oder verspürt, muß ihn begründen oder gar befriedigen; vielmehr sind grundsätzlich andere, meist Kontrahenten, aufgefordert, die bislang ausbleibende Einlösung des *Bedarfs* zu rechtfertigen und schleunigst seine Befriedigung sicherzustellen. Diese komfortable argumentative Ausgangslage verdankt der *Bedarf* der Tatsache, daß er scheinbar nicht – wie das »Bedürfnis« – auf einen subjektiv empfundenen Mangel zurückgeht, sondern sich auf objektive, häufig gesellschaftliche, Notwendigkeit gründet. Seine Einlösung ist ein gesellschaftliches Erfordernis. Nicht eingelöster *Bedarf* zieht zwangsläufig einen *Bedarf* höherer Stufe nach sich: den *Handlungsbedarf*. Auch dieser richtet sich als implizite Aufforderung (»Im ⇒Bereich X gibt es dringenden *Handlungsbedarf*«) grundsätzlich an andere. *Bedarf* anmelden ist nachgerade Zeichen gesellschaftlicher Verantwortung, die gerade deshalb dem Widersacher die Möglichkeit zum offenen Gegenangriff versperrt und ihn zumindest zur ⇒Nachdenklichkeit – und damit in die Defensive – zwingt. Kleiden also auch Sie Ihre Bedürfnisse in diese wirkungsvolle Form zeitgemäßer Nötigung.

Bedenkenträger (m.) Seit dem Ende des Kalten Krieges besteht akuter Mangel an Feindbildern. Dies erschwert die Positionierung und die Profilbildung in der politischen ⇒Landschaft. Da schafft dankenswerterweise ein neues Berufsbild Abhilfe, nämlich das des *Bedenkenträgers*. Denn in einer Zeit, in der der ⇒Wandel zum Gemeinplatz schlechthin geworden ist, geraten Bewahrer und Nachdenkliche in den Ruf des ängstlichen Zögerers und Zauderers. *Bedenkenträger* kann jeder sein, der öffentlichkeitswirksame Einwände gegen eine andere ⇒Meinung vorbringt. Nach Ansicht seiner Kontrahenten ist das Gewicht, das der *Bedenkenträger* mit sich herumträgt, zwar beträchtlich, jedoch physikalisch nicht meßbar und selbst verschuldet. Seine Last definiert sich proportional zur Gewichtigkeit der gesellschaftspolitischen Thesen, gegen die er Bedenken erhebt. Was nicht heißt, daß seine Bedenken in Ihren Augen Gewicht haben sollten. Denn an seinen Bedenken trägt nur der *Bedenkenträger* selbst schwer, wofür er kein Mitleid verdient, da er es selbst so will. – Bei aller Abneigung, die Sie für diesen sozialmasochistischen Prügelknaben hegen mögen: Wenn Sie sich zu den Wandlungsbegeisterten zählen, ist der *Bedenkenträger* für Sie lebensnotwendig: Erst seine Fähigkeit, alle scheinbar negativen Aspekte des Innehaltens auf sich zu vereinen, verleiht Ihnen den strahlenden Glanz des Himmelsstürmers. Doch Obacht! Der *Bedenkenträger* kann auch aus seiner Defensive heraustreten und geltend machen, daß seine Gegner der Auffassung seien, Veränderungen müßten unbedacht erfolgen. Er kann einen Schritt weiter gehen und Sie als bedenkenlosen ⇒Systemveränderer attackieren. Nicht zuletzt hat er den Umstand auf seiner Seite, daß Unbedenklichkeitserklärungen immer wieder eine wichtige Rolle spielen.

Bedingungen (f.pl.) siehe ⇒Rahmenbedingungen.

Begriff (m.) »Denn eben wo Begriffe fehlen, da stellt ein Wort zur rechten Zeit sich ein.« (Goethe, Faust I).

Konzeptionelle Grundlage der elitedeutschen Wortbildung.

Beitrag (m.) Bescheidenheit ist zur Zeit wenig gefragt. Und dennoch: Wenn Sie in den ⇒Bereich von Spitzenleistungen vorgedrungen sind, können, ja müssen Sie es sich ab und an leisten, die Verbreitung Ihrer ⇒Aktivitäten mit einem Anflug von Bescheidenheit zu versehen. Genau dem dient der *Beitrag*. Mengentheoretisch betrachtet, ist der *Beitrag* nur ein Element in einer Gesamtheit. Erst in der ⇒Kooperation und ⇒Synergie mit anderen Beiträgen ergibt sich der Gesamtbeitrag. Daher entsteht die aus der Bescheidenheit resultierende souveräne Wirkung des *Beitrages* erst dann, wenn Sie in Wirklichkeit und erkennbar den Gesamtbeitrag selbst geleistet haben. Durch das Leisten eines *Beitrages* ordnen Sie sich selbstlos und aus freien Stücken einem über Ihre persönliche Zwecksetzung hinausgehenden Ganzen unter und stellen sich damit vorbildlich der Verantwortung. Wenn andere von Ihnen sprechen, sollte allerdings der Hinweis auf Ihren *Beitrag* deutlicher ausfallen. Lassen Sie den Plural wählen und ein Adjektiv hinzufügen (»X hat zukunftsentscheidende *Beiträge* geleistet«). Haben Sie aber tatsächlich nur einen *Beitrag* unter anderen geleistet, so entfällt der Bescheidenheits-Effekt. In diesem Falle sollten Sie daher tunlichst nicht von *Beitrag*, sondern von ⇒Aktivitäten sprechen.

Bereich (m.) Kaum jemand wird heute noch beispielsweise von »Veränderungen im Breitensport« sprechen. Als Sprecher des Elitedeutschen thematisieren Sie den »Kulturwandel im *Bereich* des Breitensports«. Sie beweisen damit Ihre Fähigkeit zu analytischer Schärfe. Denn Ihnen erscheint die Gesamtheit der Leibesertüchtigungen nicht etwa, wie dem Laien, als ein undifferenziertes Ganzes. Vielmehr verstehen Sie, ein so komplexes Phänomen wie den Breitensport in einen größeren, noch komplexeren Zusammenhang einzuordnen (wahrscheinlich in den des Sports). Der *Bereich* wird heute nicht nur als räumliches Sinnbild größerer Gesamtheiten verwandt (»im *Bereich* politischer Entscheidungsoptionen«), sondern kann auch kleinstteilig genutzt werden (»im *Bereich* winterfester M+S-Reifen« oder »im *Bereich* des Frühjahrssortiments von Naßzellen«). Auch als Kompositum bei kurzsilbigen Wörtern eindrucksvoll verwendbar: »im *Sportbereich*«. Zum Höhepunkt sprachlich-logischer Durchdringung komplexer Sachverhalte aber schwingen Sie sich erst auf, wenn Sie *Bereich* mit ⇒Rahmen kombinieren: so z.B. »im Rahmen des Geltungs*bereichs* von Manteltarifverträgen«. – Wenn Sie ein starkes Sicherheitsbedürfnis haben, sollten Sie sich im *grünen Bereich* aufhalten. Das ist nicht etwa eine Grünfläche, sondern bezeichnet den skalaren Unterschied zum *roten Bereich* (»Wenn Sie mir das Schreiben gleich ⇒aufs Fax legen, sind wir im *grünen Bereich*«).

Bereitschaft (f.) Die *Bereitschaft* kennzeichnet einen Zustand innerer Disposition, der einer etwaigen Handlung vorausgeht. Letztlich beweist erst die der *Bereitschaft* folgende Handlung, ob die *Bereitschaft* tatsächlich vorhanden war. Dieser Beweis bleibt aber immer fragwürdig, weil die betreffende Handlung auch unter direktem Zwang oder indirektem Druck vollzogen worden sein kann. Im Klartext: Zeigen Sie erst einmal gefahrlos Ihre eigene *Bereitschaft*. Über entsprechende Handlungen kann man immer noch reden. En vogue sind derzeit vor allem *Dialogbereitschaft, Gesprächsbereitschaft* und *Leistungsbereitschaft*. Es ist verbreitet, die genannten Formen der *Bereitschaft* bei jeder Gelegenheit zunächst einmal von anderen zu fordern.

Berg (m.) Zur ⇒Bewältigung der Abstraktheit wissenschaftsbasierter ⇒Welten müssen der menschlichen Vorstellungskraft Zugeständnisse gemacht werden. Noch sind viele Zeitgenossen in ihrer Anschauung primitiv-natürlichen Konfigurationen verhaftet, die ihnen aber immerhin beim ⇒Management ⇒komplexer ⇒Informationen eine ⇒Brücke bauen. Seien Sie sich aus Effizienzgründen daher nicht zu schade, durchaus einmal die *Berg*-Metapher einzusetzen (*Strahlenberg, Schuldenberg, Lehrerberg, Asylantenberg*). In der Bürokommunikation gehören *Aktenberge* zur ⇒Landschaft klassischen Typs. [siehe auch ⇒Flut].

Besitzstandswahrer (m.) Das klägliche Ende des Sozialismus hat in unserem Lande die ohnehin kleine, aber feindbildstrategisch wichtige Schar sozialromantischer Schwärmer zur ⇒Akzeptanz des Eigentums bekehrt. Damit drohte ein wichtiges Feindbild in der Versenkung zu verschwinden. Die Kreation *Besitzstandswahrer* kann in diesem Zusammenhang als ein kleines Meisterstück der elitedeutschen Sprachschöpfung angesehen werden. Wer wollte schon den ungebetenen Konvertiten einen Platz an der Sonne des Konsenses einräumen? Da bot es sich an, die Position des Gegners durch Umwertung der Werte zu ⇒zementieren, indem nun der Besitz, dem Eigentum unmittelbar verwandt und im alltäglichen Sprachgebrauch mit ihm identisch, in ein schlechtes Licht gerückt wurde. Was hinwiederum die frisch zum Eigentum Bekehrten in Verwirrung gestürzt hat. Denn nun plötzlich finden die sich als fortschrittsgläubig und veränderungsbejahend verstehenden Kräfte als *Besitzstandswahrer* plötzlich auf der Seite derjenigen wieder, die traditionell die Bewahrung des Erreichten predigen. Was die neuen *Besitzstandswahrer* zusätzlich verwirrt, ist der Umstand, daß sie dort nicht, wie zu erwarten, die Konservativen antreffen. Denn diese haben flugs das Feld der Besitzstandswahrung geräumt und fordern nun den Strukturwandel ein. So daß sich die ehemals Progressiven und heutigen *Besitzstandswahrer* wieder einmal isoliert auf weiter Flur finden. Eine auch für Sie nachahmenswerte semantische Rochade. Doch Vorsicht! Die *Besitzstandswahrer* könnten es Ihnen gleichtun und den Spieß umdrehen, indem sie Sie als Besitzvernichter anprangern (»Besitzstandswahrung statt Systemveränderung«). Lassen Sie sich nicht verwirren! Üben Sie den ⇒Wertewandel prophylaktisch ein, indem Sie sich zur Gewohnheit machen, immer das Gegenteil dessen anzunehmen, was Sie für gesicherte Erkenntnis halten. [siehe auch ⇒Marktradikale].

Bewältigung (f.) Unzeitgemäßer Begriff, heute durch ⇒Management ersetzt. Der *Bewältigung* haftet die mühselige, bisweilen zerknirschte und aus der Defensive heraus operierende Befassung mit selbst verschuldeten ⇒Problemen an. Die Perspektive des Begriffs ist dem elitedeutschen Sprachgebrauch nicht angemessen. Denn erstens sind Probleme, die man selbst verursacht hat, grundsätzlich als »Strukturprobleme« anzusehen. Die Idee der persönlichen Haftung ist heute nur noch als Relikt einer in Teilen auf Sühne angelegten Rechtsprechung in Kraft. In einer ⇒zunehmend ⇒komplexeren ⇒Welt hat die Monokausalität ihre einstige Erklärungskraft eingebüßt. Allerhöchstens unterliegen die Probleme anderer deren persönlicher Haftung. Zweitens ist nur die Offensive eine zeitgerechte Form der Befassung mit Problemen (heute: Problemmanagement). Drittens wirkt der moralisierende, persönlich-tragische Unterton der *Bewältigung* in einem Zeitalter funktionaler Eleganz unpassend.

Bewegungsraum (m.) Alternative zum ⇒Standort Deutschland. Ob sich allerdings an der Standortdebatte dadurch etwas ändert, daß man sie semantisch in eine Bewegungsraumdebatte ummünzt, bleibt ungewiß.

Beziehungsgeflecht (n.) Ein guter Rat: Gehen Sie beim Sprechen auf Nummer sicher und schaffen Sie Redundanz. Dies tun auch fast alle anderen Redner, so daß das Publikum an nicht-redundantes Sprechen nicht gewöhnt ist. Sprechen Sie zum Beispiel nicht einfach von »Beziehungen«, sondern unterstreichen Sie das Relationale an »Beziehungen«, indem Sie zusätzlich »Geflecht« einsetzen: also *Beziehungsgeflecht.* Bei stark ermüdetem Publikum bietet sich eine weitere Tautologie an, nämlich »interdependent«: also *interdependentes Beziehungsgeflecht.* Wer »interdependent« nicht versteht, wird wenigstens von Ihrer Sprachmächtigkeit beeindruckt sein. Außerdem bieten Sie ihm ja noch zwei gleichbedeutende Begriffe an.

Bilanz (f.) Tagungstechnische Metapher, gern auch im Zusammenhang mit »Perspektiven« verwandt. Im ⇒Rahmen der Kommunikationsgesellschaft kommen Sie zwangsläufig oft in die Verlegenheit, Reden, Vorträge oder Referate zu halten. Dabei erweist sich die Wahl des Themas und dessen Formulierung als nicht zu unterschätzende Hürde. Hier hilft die *Bilanz*. Wählen Sie irgendeinen gängigen Begriff aus diesem Buch und fügen Sie *Bilanz und Perspektiven* hinzu (»Deutsche ⇒Leitkultur in einer sich wandelnden Welt – *Bilanz und Perspektiven*«). Auf diese Weise stecken Sie ein weites ⇒Feld ab, das Sie bei der Ausarbeitung Ihres Textes zu nichts verpflichtet. Denn Ihr Publikum wird Verständnis dafür haben, daß Sie sich innerhalb eines thematischen Rahmens, der keiner ist, die Freiheit herausnehmen, eher assoziativ und unsystematisch zu sprechen. Daß Sie das Thema erschöpfend behandeln, erwartet sowieso niemand von Ihnen. Man ist Ihnen dankbar, wenn Sie rasch zum Ende kommen.

Biographie (f.) Bezeichnete einst den Lebenslauf hervorragender Persönlichkeiten. Unter dem Einfluß der Psycho-Welle, welche den Begriff für die Abfolge der seelischen Irrungen und Wirrungen jedes einzelnen in Anspruch nahm, hat die *Biographie* das gewöhnliche Berufsleben erreicht und wird nun auch in gewöhnlichen Vorstellungsgesprächen gebraucht, ohne ihre Aura des Besonderen, Geheimnisvollen vollständig eingebüßt zu haben. Nur Unbedarfte stellen ihren Lebenslauf dar, Sie präsentieren Ihre *Biographie*. Vorsicht! Der Begriff wird noch vorzugsweise von Absolventen der sogenannten ⇒Diskussionswissenschaften verwendet.

Blockade (f.) Zwar ist in der bürgerlichen Demokratie die verbale, argumentative Vertretung von Interessen gewissermaßen die Natur des Systems selbst. Gleichwohl wird dies zu keinem Zeitpunkt von den Kontrahenten eingestanden, die selbstverständlich keine Interessen vertreten, sondern ausschließlich das Wohl der Allgemeinheit im Auge haben. Aus diesem Blickwinkel sind gegnerische Auffassungen nicht als berechtigte, aber nicht geteilte Meinungen anzusehen, sondern als intellektuell oder moralisch unvertretbar. Der Gegner ist dumm, oder er lügt. Entweder reicht sein Sachverstand nicht aus, zu erkennen, daß nur Ihre Position die richtige ist; oder aber er widerspricht Ihnen im Wissen, daß nur Sie recht haben. In beiden Fällen stellt sich der Kontrahent der sachlich richtigen Lösung in den Weg. Nun mag die Verhinderungsstrategie in geruhsamen Zeiten noch als parlamentarische Üblichkeit durchgehen. In einer Zeit dynamischen ⇒Wandels aber mutiert dieses Verhalten zum Kapitalverbrechen. Es firmiert unter dem Begriff der *Blockade.* – Im Bedeutungsfeld nah bei der Sabotage angesiedelt, ist die *Blockade* das Vergehen zweier Typen von politischen Akteuren: der ⇒Besitzstandswahrer und der ⇒Bedenkenträger. Sie blockieren den notwendigen Wandel und das ⇒Aufbrechen ⇒verkrusteter ⇒Strukturen wie der Sonntagsfahrer die Überholspur. Das Ergebnis sind gesellschaftliche *Blockierungen*, die unweigerlich zum Reformstau führen. Da die Deutschen – jedenfalls verkehrspolitisch – in hohem Maße eine mobile Gesellschaft sind, hat die Metaphorik der *Blockade* hierzulande eine besonders negative Strahlkraft. Nutzen daher auch Sie das Potential dieses Schlüsselbegriffs aktueller politischer Debatten.

Bordelier (m.) Neuprägung, die sich vage aus dem Französischen speist. Die in Anlehnung an ehrenwerte Stände und Berufe wie *chevalier* oder *sommelier* gebildete elitedeutsche Form des *Bordeliers* bezeugt die Sehnsucht nach gesellschaftlicher Emanzipation eines der ältesten, ehedem ruchbaren, Gewerbe der Menschheit. Es ist zweifellos die Noblesse des französischen Klangs, die den Wortschöpfer bewogen hat, jenseits des Rheins nach einer würdigen Bezeichnung Ausschau zu halten. Der *Bordelier* erfordert mit dem Abschied vom *Bordellbesitzer* eine Wandlung des alten Berufsbildes. Der *Bordelier* verlagert die Stätten seiner anrüchigen Berufsausübung in die besseren Viertel. Er wird künftig – wenigstens in Teilzeitarbeit – als literarisierende Spezies eher den Glanz der Kurtisanen beschwören als ihr Elend verursachen. Er hat Chancen, zu den neuen Funktionseliten zu gehören. [siehe auch ⇒Elite, ⇒Erotik].

Brücke (f.) Hier in der Form *eine Brücke bauen*. Im Zuge einer gewollten sprachlich-sozialen Ausdifferenzierung sprengen Sie immer wieder Sprachbarrieren, die Sie aus Wettbewerbsgründen hinter sich wieder aufrichten. Dabei kommt es zwangsläufig zu ⇒Grenzsituationen, in denen Ihnen ein wichtiger Gesprächspartner nicht folgen kann. Hier bietet es sich an, ihm *eine Brükke zu bauen*, die es ihm gestattet, sein Wissensdefizit mit Ihrer generösen Hilfe zu füllen und für einen Moment zu Ihnen aufzuschließen. Stellen Sie aber sicher, daß sich Ihre semantische Unterstützung auch auszahlt.

Bündel (n.) Daß etwas >2 ist, ist nicht besonders aufsehenerregend. Banalität kann für Sie aber nicht hinnehmbar sein. Es geht nicht an, daß Sie zum Beispiel schlicht *mehrere Fragen* behandeln. Der Bedeutung Ihrer geistigen Anstrengung und Ihres strategischen Denkens ist es vielmehr angemessen, gleich ein *Bündel von ⇒Fragestellungen* zu bewältigen. Die anschauliche Metaphorik des *Bündels* unterstreicht den synoptischen Blick, mit dem Sie Ihr Thema auf Anhieb erfassen, und läßt die besondere Tragweite Ihrer Ausführungen erahnen.

Bürgerverdrossenheit (f.) Bislang bezog sich die Verdrossenheit der Bürger vorzugsweise auf die Politik. Doch nun wendet der Bürger diese verbreitete Haltung des wohlfeilen Mäkelns gar gegen sich selbst, nämlich in Form der *Bürgerverdrossenheit*. Ein Grund mag die Annahme sein, daß nur der aus vollem Herzen politikverdrossen sein kann, der auch über sich selbst verdrossen ist. Mit der Liebe soll es ja auch so sein.

Chancen (f.pl.) Üblicherweise in bipolarer Konstellation verwandt: *⇒Herausforderungen, aber auch/und Chancen.* Die Nutzer dieses Sprachbausteins stehen – wenn auch oft unwissentlich – in der Tradition Hegelscher Dialektik, die sowohl eine durch Synthese antithetischer Ideen erzeugte höhere Form der Erkenntnis als auch die Selbstbewegung des Denkens und der Wirklichkeit umfaßt. Während sich aber die Philosophen mit Unwägbarem wie dem Verhältnis zwischen Denken und Sein abquälten, sind Sie heute in der glücklichen Lage, dialektische Denkmuster unbekümmert auf knallharte Sachthemen anwenden zu können. Formulieren Sie dabei den Negativpol bewußt lösungsorientiert, indem

Sie nicht etwa von »Gefahren«, sondern eben von »⇒Herausforderungen« sprechen. Dies kann Ihnen um so leichter von der Zunge gehen, als sich Herausforderungen gewöhnlich an andere, nicht aber an Sie selbst richten; Sie stehen auf der Seite der *Chancen*. Andere müssen erst noch die ihnen gestellten Herausforderungen erkennen, wozu Sie ihnen verhelfen. Mehr noch: Ermuntern Sie Ihr Gegenüber gönnerhaft, die Herausforderungen als *Chance* zu begreifen! Damit haben Sie schon den Gipfelpunkt der Dialektik, nämlich die Einheit der Gegensätze, erreicht. Dies ist entscheidend, denn als ⇒Macher bleiben Sie nicht beim grüblerischen Abwägen des Für und Wider einer ⇒Fragestellung stehen. Im beherzten Zugriff zwingen Sie die Verhältnisse auch ungeachtet etwaiger logischer Inkongruenz zur handhabbaren Synthese.

Chaos (n.) Je weiter sich ungeordnete Naturgewalten in Reise- und Fotomagazine zurückziehen, desto stärker prägen sie die heutige Ausdruckswelt. Mit den Worten »Hier bricht jeden Moment alles zusammen« wird heute gern die Frage nach dem Wohlbefinden im beruflichen Kontext beantwortet. Üblicherweise wird erläuternd hinzugefügt: »Bei uns herrscht nämlich schon seit Wochen das totale *Chaos*.« [siehe auch ⇒Horrortrip, ⇒Katastrophe, ⇒Panik, ⇒spannend].

Chemie (f.) Wissenschaft von den Stoffen, heute bevorzugt metaphorisch gebraucht: »Die *Chemie* stimmt zwischen uns (nicht).« Der Ausdruck bedeutet nicht etwa, daß sich der Forschungsgegenstand dieser Wissenschaft von den Stoffen besonderer Beliebtheit erfreut, noch bedeutet er, daß sich der Chemiestandort Deutschland im globalen Wettbewerb behauptet. *Chemie* versinnbildlicht hier vielmehr die im alteuropäischen Verständnis weit über das Physiologische hinausgehenden Wirkungskräfte der Sympathie oder Antipathie. Im Unterschied zu veralteten Gefühlsbezeichnungen besitzt *Chemie* das Gewicht naturwissenschaftlicher Regelaussagen und bringt die Gesamtheit aller tatsächlichen und möglichen Zustände zwischen Menschen auf den Punkt. Ein weiterer, entscheidender Vorzug der *Chemie* beruht darauf, daß sie die Kompliziertheit sozialer und charakterlicher Verantwortung und damit die instabile Beschaffenheit menschlicher Beziehungen ausgrenzt. Zu A haben Sie eben eine gute, zu B eine schlechte *Chemie*. Die Dinge sind, wie sie sind. Daran ist nur unter Eingriff in eine eherne Naturnotwendigkeit zu rütteln, also besser nicht. Mit der normativen Feststellung »zwischen uns stimmt die *Chemie* (nicht)« unterstreichen Sie die selbstbewußte Abkehr vom Schmusekurs anachronistischer Norwegerpullover und Latzhosen, die sich noch immer an Beziehungen abarbeiten.

Commitment (n.), [sich committen]. Eigentlich »Verpflichtung« im Sinne von »Selbstverpflichtung«. Wer will sich schon heute noch selbst zu etwas verpflichten oder sich gar in die Pflicht nehmen lassen? Das würde Sie doch in Ihrer notwendigen Flexibilität beschneiden! Außerdem ist »Pflicht« von Alters her defensiv geprägt, Sie aber ⇒gestalten Offensiven. Trotzdem können Sie das ⇒Konzept der »Pflicht« nicht völlig umgehen, zumal dann nicht, wenn Sie sich im öffentlichen Raum bewegen. Sie müssen Erwartungen erfüllen und Etiketten respektieren. Doch statt reaktiv Ihre Pflicht zu erfüllen, ist es Ihnen angemessen, Verantwortung zu ⇒gestalten, indem Sie sich prophylaktisch selbst *committen*. Ihr *Commitment* kommt Anmahnungen Dritter zuvor, wodurch Sie selbst das Gesetz des Handelns bestimmen. Hinweis: Verwenden Sie den Begriff nur so lange, wie seine Bedeutung noch im Ungefähren bleibt.

Controller (m.) Früher »Buchhalter«. Ähnlich wie die »Raumpflegerin« die diskriminierende Berufsbezeichnung »Putzfrau« im Zuge sozialliberaler Emanzipationsbestrebungen abgelöst hat, ist der dynamische *Controller* an die Stelle des mit Ärmelschonern versehenen Buchhalters gerückt. Die englische Form wurde gewählt, weil »Kontrolleur« bereits vergeben war und weil der Begriff des Kontrollierens die Schattenseiten dieses unverzichtbaren Berufsstandes unverhältnismäßig hervorgehoben hätte.

Defizit (n.) Eigentlich »Mangel«. Der Mangel ist allerdings nicht berechenbar. Das aber ist das *Defizit*. Seine finanztechnische Prägung verschafft dem Begriff trotz übermäßigen Gebrauchs nach wie vor einen normativ-quantitativen Beiklang: *Defizit* ist etwas, das eindeutig unter Null ist. Genau dies ist der Vorteil des Begriffs. Denn die Quantifizierung des Mangels erlaubt den Einsatz betriebswirtschaftlichen Instrumentariums. Andere mögen vage den Mangel beklagen; Sie aber mahnen mit normativer Kraft ein »Umsetzungs*defizit* im Vollzug zukunftsfähiger ⇒Konzepte« (oder auch ein »Vollzugs*defizit* im ⇒Umsetzen«) an. Beachten Sie, daß sich die

Thematisierung des *Defizits* prinzipiell nur an andere richtet, denn nur sie können sich eines *Defizits* schuldig machen. Das *Defizit* ist daher Bestandteil der Rhetorik des Warnens, Mahnens und Drohens. Wirft man Ihnen selbst ein *Defizit* vor, so kann es sich nur um ein ⇒Mißverständnis handeln. Gemeint war in Wirklichkeit ein »Strukturproblem«.

Denkanstöße (m.pl.) Heutzutage, da die Systemphilosophie nur noch Gegenstand von Proseminaren ist und da der Niedergang der Ideologien offenkundig scheint, erheben auch ehrgeizige Köpfe schon hohe Ansprüche, wenn sie scheinbar nichts weiter als *Denkanstöße geben wollen.* Wichtig dabei ist das Modalverb *wollen*, weil es die – zumindest vorgegebene – Bescheidenheit des ⇒Beitrages unterstreicht. Auch wenn Ihnen Bescheidenheit unsympathisch ist – schrecken Sie nicht vor dem *Denkanstoß* zurück. Immerhin sind Sie es, der ihn gibt, und ist es Ihr Gegenüber, das ihn nötig hat.

Denke (f.) Bezeichnet die Gehirntätigkeit im Berufsleben. Im Unterschied zum Denken ist das Gedachte der *Denke* nicht streng denkerisch zu verstehen, sondern als Mischung aus Eingebung (oft auch »intuitiver Eingebung«), emotionaler Intelligenz, Kreativität und Konzeptionsstärke. Mit ihrer Aufhebung des künstlichen Dualismus von Denken und Fühlen folgt die *Denke* dem Prinzip der ⇒Ganzheitlichkeit. Weitere mögliche Ableitungen nach demselben Wortbildungsmuster: die Fühle, die Höre, die Rieche, die Sehe, die Spreche. Bereits realisiert: die Schreibe.

Desintegration, soziale (f.) Soziologische Klage-Formel zur Beschreibung der Auflösung von Klassen, Milieus, Kirchen und Familie. Man kann die Sache auch positiv wenden: Sprechen Sie statt von *sozialer Desintegration* lieber von ⇒Chancen und ⇒Herausforderungen sowie von ⇒Pluralismus und ⇒Vielfalt. [siehe auch ⇒Individualisierung].

Dialog (m.) Eigentlich Zwie- oder Wechselgespräch, heute auch gern in der Bedeutung von »Monolog« verwandt. Die hohe Wertschätzung, die derzeit der *Dialog* genießt, geht weniger auf das Ideal des Sokratischen Dialogs als vielmehr auf das Erbe der Achtundsechziger zurück. Deren Diskussionswut (»Wir müssen das ausdiskutieren«), die nicht das »Aufblühen aller« (Priestley), sondern die korrekte Parteilinie zum Ziel hatte, war in Teilen von inquisitorischem Charakter. Trotzdem hat jene Bewegung eine für deutsche Verhältnisse neuartige Maxime und Konfliktlösungsmethode geprägt: »Man kann über alles reden.« Geblieben ist davon nicht die krude und verbissene Wahrheitssuche mit ihren Selbstverpflichtungsritualen als vielmehr die Vorstellung der Vorteilhaftigkeit eines Austauschs von phonetischen Signalen. »Wer redet, führt nicht Krieg«, lautet diese minimalistische Maxime. Dies kommt der modernen Kommunikationsgesellschaft zupaß. Soviel Gerede wie heute war nie. Die verpflichtenden Elemente des Dialogs gehen freilich dabei über Bord. *Chemie im Dialog* oder *Politik im Dialog* meint in Wirklichkeit die Vermittlung der Anliegen bestimmter Gruppen an die Öffentlichkeit, nicht aber das unbequeme Aushandeln widersprüchlicher Interessen. Vorsicht! Auch wenn der *Dialog* immer mehr an inhaltlicher Präzision verliert, kann er doch noch eingeklagt werden, wenn er angeboten wird. [siehe auch ⇒Talk].

Dimensionen (f. pl.) Die Welt alltäglicher Bedeutungslosigkeit, kompromißlerischer Mühsal und kleinkarierter Geistesenge ist nicht die Sache des Elitedeutschen. Wann immer Sie sich geistig oder körperlich vergegenständlichen, ist angemessene Zu- und Einordnung Ihrer Handlung angezeigt. Andere mögen Erfahrungen machen (was schon selten genug ist). Sie aber ordnen Ihre Erfahrungen in Größenordnungen ein, die dem normalen Krauter unzugänglich sind: in *Erfahrungsdimensionen*. Diese bezeichnen und umspannen den unermeßlichen Raum, den Sie in Ihrem Tun und Lassen rastlos durchmessen. Wenn Sie sich für oder gegen etwas entscheiden, so treffen Sie nicht schlicht eine Entscheidung; vielmehr operieren Sie im Raum einer *Entscheidungsdimension*, die sogleich den Weg frei macht für weitere *Dimensionen*, insbesondere für *Handlungsdimensionen*. Natürlich obliegt die Handlung selbst anderen. Die *Handlungsdimension* aber ist jenen vorbehalten, die ihr Dasein in komplexen Zusammenhängen ⇒denken und ⇒leben. – In kreativen Berufsfeldern, aber längst nicht mehr nur da, werden zunehmend auch *Erlebnisdimensionen* erschlossen, insbesondere dann, wenn ⇒spannende Produkte ⇒positioniert oder ⇒extreme Problemlösungen konzipiert werden. Gewiß bezeugt die Metaphorik der *Dimension* einen etwas eigenwilligen, ja hemdsärmeligen Umgang mit eigentlich strenger physikalischer Begrifflichkeit. Wer aber sagt, daß die Physik die *Dimension* gepachtet hat? Nutzen Sie einfach mit sicherem Griff die achtunggebietende Aura naturwissenschaftlicher Semantik, die Sie letztlich zu nichts verpflichtet. Einziger Nachteil: Die *Dimension* hat sich bereits eine andere Gruppe zum Lieblingswort erkoren: Die FreundInnen der Psychoanalyse. [siehe auch ⇒Horizont].

Diskurs (m.) Im wissenschaftlichen Kontext bezeichnet der *Diskurs* die prägenden Strömungen tradierten und aktuellen Wissens. Durch die Abnutzung von ⇒Dialog im Marketingbereich auch gern als dessen Synonym verwandt: »Wir suchen den öffentlichen *Diskurs*.«

Diskussionswissenschaften (f.pl.) Wissenschaftliche Disziplinen, deren Prämissen und Denkmethoden nicht formal, sondern inhaltlich bestimmt sind und deren Ergebnisse daher keine Eindeutigkeit erzeugen, sondern immer wieder zu Diskussionen Anlaß geben – im Unterschied zu Disziplinen mit mathematischer oder mathematoider Grundlage, deren Ergebnisse zwar eindeutig, dafür häufig aber nur formal bedeutsam sind. Argumentationstechnisch am geeignetsten sind Mischtypen wie Betriebswirtschaftslehre und Rechtswissenschaften, die einen beeindruckenden formalen Apparat auch auf harmlose Themen anwenden und daher auch in der Beantwortung höchst diskussionswürdiger Fragen scheinbare Eindeutigkeit erzeugen.

Dynamik (f.) »Bleibe beim alten«, diese platonische Sentenz galt, solange es Konservative gibt, als deren Motto. (Anmerkung: »Bleibe beim Alten« ist hingegen das Leitbild der Versorgungsgeneration). Doch seit der Entdeckung der ⇒Globalisierung haben sich die Konservativen exakt am Gegenpol positioniert: Keine andere politische Formation proklamiert so einstimmig die notwendige *Dynamik* gesellschaftlicher ⇒Umbrüche. Keiner sonst greift so massiv das alte konservative Prinzip des Bewahrens an wie der politisch konservative Teil der Funktionseliten. Niemand sonst läuft so energisch Sturm gegen das ⇒Zementieren von ⇒Besitzständen und gegen ⇒verkrustete Strukturen. Diese geistig-moralische Wende, die sich einst die Konservativen auf die Fahnen schrieben, haben sie also nicht zuvörderst an der Gesellschaft, sondern – vorbildlich! – zunächst an sich selbst vollzogen und dadurch den unbeweglichen politischen Gegner unmerklich, aber tatsächlich an den Gegenpol der Statik verbannt. Was einmal »Fortschritt« war, ist nun *Dynamik*, und die haben die Fortschrittlichen nicht gepachtet. – Doch was ist *Dynamik*, was heißt es, sich ihr zu verschreiben? Glücklicherweise nicht viel. Denn anders als in der Thermodynamik täuscht der gesellschafts- oder wirtschaftspolitisch verwandte Begriff seine Präzision nur vor. *Dynamik* ist eher als Dekorum der Geschäftigkeit zu verstehen, gewöhnlich in tautologischer Verwendung: »*dynamische* Entwicklung der Märkte«, »*Dynamik* des Wertewandels«. In der Werbung auch gern auf Menschen bezogen: »junges, *dynamisches* Team«. Das alles ist ziemlich hohl; lassen Sie sich davon aber nicht abschrecken. Entscheidend sind nicht Richtung und Ziel; die Geschäftigkeit allein gibt den Ausschlag. Finden Sie keinen tieferen Sinn in Ihren Handlungen, so finden Sie doch immer eines: *Dynamik*. Grund genug, diese optimistisch zum Vortrag zu bringen.

Ecken und Kanten (f.pl.) In der Massengesellschaft ist die Existenz von Persönlichkeiten von größter Bedeutung. Je gleichartiger die Daseinsbedingungen der Zeitgenossen sind, desto rastloser wird nach Charakteren gesucht, die scheinbar aus dem globalen Einheitsbrei herausragen, ohne allerdings zu den Verlierern zählen zu sollen. Gefragt ist die Persönlichkeit, die trotz stromlinienförmiger Laufbahn ein eigenständiges und zudem präsentables Profil aufweisen kann: Der ⇒Hochbegabte mit *Ecken und Kanten.*

Eckpfeiler (m.) Die Administrative und die Sprache stehen immer wieder vor dem Dilemma, die begrenzte Anzahl darzustellender Sujets und die Unverbindlichkeit des Ausdrucks kaschieren zu müssen. Hilfreich sind dabei Wortschöpfungen, die Bedeutsamkeit suggerieren, ohne daß der Schreiber oder Sprecher auf eine konkrete Bedeutung festgenagelt werden könnte. Der *Eckpfeiler* gehört zu dieser Kategorie scheinbar faßbarer, in Wirklichkeit aber leerer Metaphern. In letzter Zeit hat der *Eckpfeiler* die *Grundlagen* verdrängt. Architektonische Eigenwilligkeit und Originalität beweist, wer von *zentralen Eckpfeilern* spricht.

Effektivität (f.) Im Unterschied zu ⇒Effizienz (=wirkungsvoller Mitteleinsatz) tatsächliche, wirksame Leistung. Da heutzutage nicht mehr ideologische Fragen, sondern eher immanente Verfahrensfragen die Debatten bestimmen, steht oft anstelle des Ziels die Art des Mitteleinsatzes zur Diskussion. Mit anderen Worten: Weniger das Was als das Wie. Dies ist die Stunde instrumenteller Vokabeln wie *Effektivität.* Als echter Kenner der

Materie weisen Sie sich dann aus, wenn Sie den Unterschied zwischen *Effektivität* und Effizienz begriffen haben. Das ist allerdings nicht einfach, da die Tendenz des Sprachgebrauchs dahin geht, daß beide Begriffe einander einschließen. Kompliziert ist die Sache dadurch, daß die wirkungsvolle Leistung (Effizienz) keine rein theoretische ist, die sich von der tatsächlichen und wirkungsvollen Leistung (*Effektivität*) unterschiede. Kann, ja darf tatsächliche und wirkungsvolle Leistung zugleich wirkungslos sein? Erst wenn diese Bedingung sinnvoll gegeben sein kann, ist strenggenommen die unterschiedliche Verwendung beider Begriffe statthaft. Das ist nun beim besten Willen nicht möglich. Lassen Sie sich davon nicht beirren. Wenn es schon keinen exakten Bedeutungsunterschied gibt, so doch einen des Mitklangs. Prinzipiell gilt: *Effektivität* ist weniger als Effizienz. *Effektivität* ist eher Ergebnis industriemäßiger Plackerei. Die Effizienz aber umgibt der Glanz strategischen Managements. Gleichviel! Wenn Sie sicher gehen wollen, wenden Sie einfach beide Begriffe in Koordination an: »*Effektivität* und Effizienz«, und überlassen Sie Ihrem Gesprächspartner das mit Bewunderung gepaarte Rätseln über die feinen Unterschiede.

Effizienz (f.) siehe ⇒Effektivität.

Einleitung (f.) Die Versachlichung des emotional aufgeladenen Problems der Umweltverschmutzung ist gottlob vorangeschritten. »Kippte« man früher Abwässer in Flüsse oder Seen, so nennt man diese negativ behaftete Handlung zeitgemäß schlicht *Einleitung*. Der Begriff eröffnet sogleich ein fruchtbares Wortfeld, indem er es den Behörden ermöglicht, *Einleitungsgenehmigungen* und *Einleitungsbescheide* an die Ausführenden der ruchbaren Handlung, wertfrei *Einleiter* genannt, zu versenden. Der Gebrauch von *Einleitung* hat den Vorteil, die Erwähnung dessen zu vermeiden, was eingeleitet wird, nämlich die Abwässer. – *Einleitungen* werden ohne Objekt »vorgenommen« oder »ausgeführt«. Damit besteht die sprachlogisch interessante Aussicht, daß *Einleitung* dereinst nicht nur den Vorgang des Einleitens, sondern auch die Abwässer selbst bezeichnet (so wie dies zum Beispiel bei der »Erfindung« ist). Auf diese Weise würde aus dem »Wegkippen von Abwässern mittels Abflußrohren« die »*Einleitung* von *Einleitungen* mittels *Einleitungen*« – womit die *Einleitung* neben der Sachlichkeit auch die Klarheit zu ihren Vorzügen zählen darf. Statt *Einleitung* spricht man gelegentlich auch von *Einspülung* oder *Einlassung*, was angenehme Assoziationen an das Einlassen des Badewassers weckt. Weniger gebräuchlich ist *Eintrag*, wahrscheinlich, weil es an Einträge in diverse Sündenregister denken läßt. Auch *Einlauf* ist nicht sehr beliebt, hat doch das Wort eine unangenehme medizinische Zweitbedeutung.

Elite (f.) Zentraler Begriff des Zeitgeistes. In den nivellierten Massengesellschaften bringt die Forderung nach neuen *Eliten* vor allem das Unbehagen an der befürchteten eigenen Mittelmäßigkeit zum Ausdruck. In Deutschland ist der Begriff der *Elite* unglücklicherweise durch historisch bezeugtes Versagen früherer Führungsschichten in Verruf geraten. Auch steht er in einem Spannungsverhältnis zu der Grundforderung der Demokratie nach Gleichheit. Die Befürworter neuer

Elitebildung tragen diesem Umstand Rechnung, indem sie die Herausbildung neuer *Eliten* nicht mehr, wie in der Vergangenheit, von sozialer Zugehörigkeit abhängig machen wollen. *Eliten* rekrutieren sich in diesem Verständnis aus den Trägern von Spitzenleistungen in verschiedenen gleichberechtigten Funktionsbereichen, daher auch der Plural. Es sind *Funktionseliten*. – Als Angehöriger dieser neuen *Eliten* müssen Sie es in Kauf nehmen, daß Sie in einem Zuge mit Talk-Mastern, Porno-Stars, Tennis-Größen, Fußball-Idolen oder auch Kirchen-Prominenz genannt werden. Dazu sollten Sie eine sportlich-lockere Haltung einnehmen. Denn entscheidend ist, daß Sie »einen guten Job machen«, egal welchen. Die Forderung nach neuen *Eliten* wird noch leicht verschämt vorgebracht. So nehmen Sie die Zugehörigkeit zu den *Funktionseliten* nicht offen selbst für sich in Anspruch, sondern dadurch, daß Sie gesellschaftspolitisch abstrakt die Herausbildung von *Eliten* einfordern.

Empfindungstemperatur (f.) Man mag sich wundern – aber die *Empfindung* – seit langem abgelöst durch die »Emotion« – kehrt zurück: Zunächst in Form der *Empfindungstemperatur*. Wohl kaum ein Thema beherrscht die öffentliche Minimalkommunikation wie jene Mélange aus Wind, Temperatur, Luftdruck, Feuchtigkeit etc., die den Zeitgenossen im Begriff des Wetters auf den wenigen Metern gegenwärtig wird, welche sie noch außerhalb geschlossener Räume zurücklegen. Die *Empfindungstemperatur* wurde nun dem Wetterdiskurs als neue Kategorie hinzugefügt. In Absetzung von streng physikalisch bestimmten Maßen wie Celsius oder Fahrenheit bringt die neue Maßeinheit die Erfahrung auf den Begriff, daß objektiv gleiche Temperaturen je nach Windstärke und Feuchtigkeit als unterschiedlich kalt empfunden werden. Inzwischen beansprucht man gern seine persönliche *Empfindungstemperatur*. Diese neue Subjektivität kommt all jenen entgegen, denen das Diktat konventioneller Maßeinheiten seit jeher ein Dorn im Auge ist, weil es von ihrer Besonderheit absieht. Raser und Drängler zum Beispiel machen schon immer geltend, daß sie auch bei drastisch überhöhter Geschwindigkeit für größere Fahrsicherheit bürgen als sich korrekt verhaltende Gelegenheitsfahrer. Die *Empfindungstemperatur* gibt diesen Anhängern der Mobilität nun einen neuen Legitimationsbegriff an die Hand: die *Empfindungsgeschwindigkeit*. Diese ist als individueller Quotient denkbar, bei dessen Berechnung auch Größen wie Hubraum und KW des Fahrzeugs sowie Nervenstärke, Temperament und Selbsteinschätzung des Fahrers zu berücksichtigen sind. Weitere mögliche Ableitungen: Die *Empfindungslegalität* für Kleinkriminelle, die *steuerliche Empfindungsgerechtigkeit* für Steuersünder, die *Empfindungsentfernung* für Schwarzfahrer.

Erlebnis (n.) Andere leben, Sie *erleben*. Vorbei die Zeiten kruder praktischer Verrichtung. Wer heute Gegenwart, insbesondere aber Zukunft ⇒gestaltet, hebt die frühere Trennung zwischen Arbeit und Privatheit, zwischen Zweck und Ziel auf. Die einst von weltfremden Kritikastern attackierte »Entfremdung der Arbeit« und des Tauschverhältnisses gehört ferner Vergangenheit an. Arbeit und Waren dienen nicht mehr nur der Existenzsicherung. Heute sprechen sie auch die intimsten Empfindungen des Menschen an, indem sie ihn ganzheitlich in aufregende Gestaltungs- und Entscheidungsaufgaben einbeziehen. Arbeits- und Warenwelt tragen zur Sinnfindung des einzelnen in einer sich auflösenden Gesellschaft bei. Warenproduktion und -Verbrauch bilden heute die Grundfesten der Sinnfindung. Ihre emotionale und ethische Aufladung gewährt Halt und Richtung. Wer früher noch mißmutig »ein Ei im Konsum« um die Ecke kaufte, taucht heute ein in den Strudel von *Kauferlebnissen* im *Erlebniskaufhaus.* Wer einst fröstelnd im örtlichen Freibad den Fahrtenschwimmer absolvierte, delektiert sich heute mit Campari im Miami-*Erlebnisbad* in Gladbeck-Ost. Wer noch anno dunnemal Preßspanregale eines schwedischen Möbelherstellers fluchend auf die Dachreling eines Passat-Kombi hievte, tritt nun ein in die *spannende Erlebniswelt* des Wohnbereichs. Das *Erlebnis* kondensiert die befreiende Identität von Kaufhandlung und Subjekt, von Arbeitsprozeß und Werktätigem. Es löst den einzelnen aus starrer Zweckrationalität und eröffnet ihm einen Alltag voller Spannung und Abwechslung. [siehe auch ⇒Markenbewußtsein].

Erotik (f.) Im Unterschied zu den rein physischen, dem Triebleben geschuldeten Verrichtungen und Verrenkungen, mit denen die Porno-Industrie einem wachsenden Massenpublikum die Begrenztheit anatomischer Variationen zum beschränkten Bewußtsein bringt, kommt bei der *Erotik* dem menschlichen Hirn eine nicht unbedeutende Rolle zu: *Erotik* spielt sich vorwiegend im Kopf ab. Neuerdings spielt sich *Erotik* allerdings vorwiegend auf Zelluloid und auf sogenannten Erotik-

Messen ab und dringt auf diese Weise über den kürzesten Umweg des Auges auf dem schnellsten Wege in die Geschlechtsgegend vor: *Erotik* wird zu dem, was zuvor »Pornographie« hieß. Die ständige Penetration des Publikums mit dem Begriff der *Erotik* in Verbindung mit triebgesteuerten Leibesübungen hebt zusehends die semantische Grenze zwischen der Schmuddelbezeichnung »Pornographie« und der klassischen *Erotik* auf, mit der langfristigen Folge, daß künftig die Aufklärung von Kindern und Jugendlichen auch parasexuelle Randgebiete wie Latex, Leder, S&M etc. wird behandeln müssen. Ein bemerkenswerter Marketingerfolg der Branche! Und ein Anzeichen dafür, daß der Kulturbegriff dringend einer neuerlichen Erweiterung bedarf.

Ethik (f.) Ähnlich wie die Philosophie hat deren vornehmste Teildisziplin, die *Ethik*, das denkwürdige Schicksal ereilt, aus der exotischen Randposition einer ⇒Diskussionswissenschaft zu einer Schlüsseldisziplin des modernen Wirtschaftslebens zu mutieren. In den letzten Jahren sind Lehrstühle, Institute und Seminare für *Wirtschaftsethik* wie Pilze aus dem Boden geschossen. Wirtschaftswissenschaften und Management wollen sich nicht mehr mit der Bereitstellung eines Instrumentariums zur Produktion und Distribution von Waren und Dienstleistungen zufrieden geben. In einer Zeit, in der sie den gesellschaftlichen ⇒Diskurs bestimmen, greifen sie nach dem Baum tieferer Erkenntnis und moralischer Begründung. Nicht die Leistung als sichtbarer Ausweis erfolgreichen Wirtschaftens zählt mehr allein. Auch die hohe Moralität eines im Kern zwar legitimen, aber letztlich doch nur auf den eigenen Vorteil ausgerichteten Handelns soll bescheinigt werden. Da wird die alte Lehre vom Sittlichen zum Objekt der Begierde. – Nun erfordert dieser Rückgriff eine Anpassung der *Ethik* an die Erfordernisse des modernen Wirtschaftslebens. Daß dies möglich ist, beweist der elegante Bogen von der Nikomachischen Ethik des Aristoteles über Kants Metaphysik der Sitten hin zu heutiger Unternehmensführung, wenn *dialogische Unternehmensethik* das Kantische »Was soll ich tun?« in unsere Zeit übersetzt: »Der moralische Konfliktfall tritt ein, wenn gewinnorientiertes unternehmerisches Handeln auf defizitäre Rahmenbedingungen stößt.« Wie gesehen, deutet das ⇒Defizit prinzipiell auf eine Verfehlung anderer hin. Von dieser Grundposition ausgehend, ist *Ethik* komfortabel auf die Beurteilung des Verhaltens anderer angelegt. Da es beim Wirtschaften um Geld geht, muß auch die *Ethik* quantifizierbar sein. Dies geschieht gern in der zumindest bildungspolitisch antiquierten Form der Mengenlehre: »Gibt es eine Schnittmenge von Unternehmensstrategie und Ethik?« lautet eine aktuelle Frage der Wirtschaftswissenschaften. Doch verbraucherfreundlicher ist wirtschaftliche Ethik, wenn sie im Dienste des Handwerks steht: »Halte dein Rohr sauber!« lautet ein ethischer Wahlspruch moderner Installationstechnologie.

Essentials (n.pl.) Wichtige Menschen tun nicht nur Wesentliches; vor allem entscheiden sie souverän, was gerade wesentlich ist. Wesentlich ist nämlich das, was als solches bestimmt wird. Entscheidungen über das Wesentliche – übrigens eine Grundkategorie des Zeitmanagements im Unterschied zum Dringenden – sind nun üblicherweise zahlreich. Der Übersichtlichkeit und Handlungsfähigkeit wegen muß die dabei entstehende Menge von Wesentlichkeiten geordnet werden. Das Unverzichtbare, nicht weiter Verhandelbare unter den Wesentlichkeiten bilden die *Essentials*. Das Unverzichtbare unter den *Essentials* aber bilden die *wesentlichen Essentials*.

Euroland (n.) Neue geographische Kategorie, die ab 1.1.1999 in Kraft getreten ist. Auch wenn *Euroland* mit dem aufregenden Charme finanzpolitischer Sachzwänge daherkommt, ist es doch aufgrund geschichtlicher Vorläufer, die geographische Einheiten nach dem Geltungsgebiet einer Währung fixierten, der »Euro-Zone« vorzuziehen. Noch ist unentschieden, ob dem *Euroland* die Identität klassischer Nationalstaaten zugesprochen wird. Dies wird daran zu ersehen sein, ob man *nach Euroland* oder *in das Euroland* fährt, so wie man *nach* Deutschland, aber *in das* Bergische Land reist. Daran wird auch zu erkennen sein, ob das finanzpolitische *Euroland* nur als Etappe oder als Ziel angesehen wird.

Experte (m.) Im Unterschied zum Generalisten der Fachmann für spezielle ⇒Fragestellungen. Gibt es auf eine Frage Ihrer Auffassung nach keine Antwort, gibt es für ein ⇒Problem keine Lösung, so verpflichten Sie *Experten*. So kann Ihnen niemand vorwerfen, Sie hätten keine Lösung gesucht, obwohl natürlich nur dies Ihr Motiv zur Verpflichtung von *Experten* ist. Denn bei *Experten* gilt: Die Lösung ist das Problem. Die Einschaltung von *Experten* dient gewöhnlich zuvörderst der Behinderung von Vorhaben. Denn *Experten* säen Zweifel, kultivieren ⇒Nachdenklichkeit und tragen Bedenken (⇒Bedenkenträger). Aufgrund ihrer theoretischen Sorgfalt neigen sie zur Erkenntnis der Vielschichtigkeit des Problems. Damit unterminieren sie aber die Handlungsfähigkeit. Setzen Sie also *Experten* nie zur Untermauerung Ihrer eigenen Vorhaben, sondern nur zur Behinderung der Vorhaben anderer ein. *Experten* gelten als Exoten ohne Praxisbezug. Allerdings sind dennoch einige wenige *Experten* elitetauglich: Jene nämlich, die als *Experten* für's Allgemeine den Widerspruch zwischen Fachlichkeit und Generalismus aufzuheben imstande sind. Um die generalistischen *Experten* von den echten *Experten* zu unterscheiden, wurde für letztere jüngst die Bezeichnung *Fachexperte* eingeführt.

Exzellenz (f.) Seit dem Untergang des Feudalismus und dem Niedergang der Diplomatie steht der früher von der Aura des Erhabenen umgebene Ehrentitel der *Exzellenz* nun der wettbewerbsorientierten Warenwirtschaft zur Verfügung. »Eure Exzellenz« ist nicht mehr nur die ehrfurchtsvolle Anrede eines staatlichen Würdenträgers, sondern kann sich ebensogut auf die besonderen wirtschaftlichen Leistungen eines ⇒Mitbewerbers im Verdrängungswettbewerb beziehen. Der Bedeutungswandel des über lange Zeit streng geschützten Begriffs bezeugt die Emanzipation, ja Nobilitierung des Handels gegenüber alten, zum Verschwinden verurteilten Eliten.

Fähigkeit (f.) Wo der Verdacht auf Unfähigkeit grassiert, ist das Einfordern von *Fähigkeit* eine zwangsläufige Reaktion. In Deutschland ist diese Reaktion allerdings zwanghaft. Das Grundgefühl des nicht Genügens führt nicht nur zur hierzulande verbreiteten Unentspanntheit, Zerknirschtheit und Geschäftigkeit; es übersetzt sich insbesondere in Forderungen, Mahnungen und Untergangsszenarien, zu deren Beantwortung und Überwindung immer wieder und unablässig *Fähigkeiten* unter Beweis gestellt werden müssen. Wichtiger als der Beweis der Fähigkeiten ist allerdings ihr Einklagen. Denn der Beweis könnte dem Grundgefühl des Versagens entgegenwirken, das Einklagen hingegen hält es wach und sorgt für dessen Verstetigung. Dieser Kreislauf funktioniert allerdings nur dann, wenn stets neuartige *Fähigkeiten* eingefordert werden. Und so ist die *Fähigkeit* vor allem in der Form der ad-hoc-Komposita erfolgversprechend. Dabei ist es hilfreich, daß es zur Beurteilung derartiger *Fähigkeiten* keine objektiven, quantitativen Maßstäbe gibt. Und so kann sich auch niemand sicher fühlen, auf der Höhe der Anforderungen zu sein, was wiederum das schlechte Gewissen wach hält. – Derzeit ist die *Konfliktfähigkeit* en vogue. Wer sich über Ihren Angriff aufregt, stellt nur eine mangelhaft ausgeprägte *Konfliktfähigkeit* unter Beweis. Gleiches gilt aber auch für denjenigen, der Ihnen vehement widerspricht. Einem solchen Kontrahenten können Sie auch den Mangel der gegenteiligen *Fähigkeit* zum Vorwurf machen: die *Konsensfähigkeit*. Paßt Ihnen die Ausdrucksweise Ihres Gesprächspartners nicht oder wendet er sich aufgrund Ihrer Angriffe gekränkt ab, so werfen Sie ihm kurzerhand mangelnde *Dialogfähigkeit* vor. Bleibt er bei seiner Haltung, so stellt er nur seine mangelnde *Lernfähigkeit* unter Beweis.

Falle (w.) Das Verhältnis von Risiko und Sicherheit ist derzeit nicht befriedigend geordnet: Zwar wird allenthalben Risikobereitschaft gefordert, gleichzeitig soll aber ständig die Zukunft gesichert werden. Selbst bei den Beherzten grassiert die Angst: nicht zu genügen, etwas zu verschlafen, vor allem aber in eine *Falle* zu tappen. Denn am Nicht-Genügen und Verschlafen ist man selbst schuld – *Fallen* aber werden einem heimtückisch von anderen gestellt. Moderne *Fallen* können aber nicht einmal mehr anderen angelastet werden – sie sind struktureller Natur, so zum Beispiel die *Wachstumsfalle* oder die *Koordinierungsfalle*. Die *Falle* ist auf alles anwendbar. Sind Sie ein Verfechter der Kernenergie? Warnen Sie vor der *Versorgungsfalle*. Sind Sie ein Gegner militärischer Einsätze in Krisenregionen? Berufen Sie sich auf die *Eskalationsfalle*. Und wenn Ihnen nun gar nichts einfallen will, bietet sich immer noch die *Finanzierungsfalle* an.

Feld (n.) In einer von ⇒Komplexität gekennzeichneten Epoche des ⇒Umbruchs ist das Ordnen der Erscheinungen der äußeren Welt ⇒unabdingbare Voraussetzung für erfolgreiche ⇒Aktivitäten. Zwar mag die Popularität eines Begriffs agrarisch-bäuerlichen Ursprungs wie *Feld* in der Informationsgesellschaft erstaunen; doch hinkt nun einmal die Vorstellungskraft der humanen Ressourcen dem technologischen Fortschritt hinterher. *Feld* ist zweidimensional, flächig. Gerade dies ist der Schlüssel zu seiner Beliebtheit: Es reduziert Unanschauliches auf apriorische Kategorien menschlicher Anschauung. Leisten auch Sie Ihren Beitrag zu scheinbar größerer Verständlichkeit, indem Sie die temporale Präposition

»vor« durch *im Vorfeld* ersetzen. Kündigen Sie Ihrem Gesprächspartner an, daß Sie »*im Vorfeld* der vertraglichen Vereinbarung noch einmal auf ihn zukommen.« Dies erweckt im Unterschied zu »vor« aufgrund seiner räumlichen Metaphorik den Eindruck größerer Genauigkeit, verpflichtet Sie aber zu wenig, da das *Vorfeld* auf der Zeitachse in Wirklichkeit nicht schärfer als »vor« definiert ist. – Zu noch weniger verpflichten Sie sich, wenn Sie etwas *im zeitlichen Umfeld* zusagen. Das *Umfeld* beschreibt nämlich die Zeitachse insgesamt. Ob Sie also etwas vor oder nach einem gegebenen Zeitpunkt erledigen, bleibt offen. Eine ähnlich vorteilhafte Kombination von scheinbarer Genauigkeit und tatsächlicher Unverbindlichkeit entfaltet *Feld* im Begriff *Handlungsfeld*, der die nicht weiter definierte »Handlung« scheinbar vergegenständlicht und veranschaulicht, ohne sie jedoch zu konkretisieren. Dies gibt Ihnen die Möglichkeit, davon zu sprechen, daß Sie »in einer Reihe von zentralen *Handlungsfeldern* aktiv« sind, während andere nur in irgendeiner Art und Form handeln. Sie aber haben Ihr Handeln kategorisiert und allein durch den sprachlichen Ausdruck eine Stufe höherer Ordnung erreicht.

Feldgottesdienst (m.) Im Zusammenhang mit Parteitagen kann es schon einmal für opportun gehalten werden, zu einem »nach innen gerichteten *Feldgottesdienst*« aufzurufen. Nun ist die Militärseelsorge schon für die Kirchen ein schwieriges Geschäft. Denn hier können ziemlich diesseitige und zudem unfriedliche Obliegenheiten des Staates mit dem metaphysisch begründeten Seelenheil des uniformierten Christenmenschen in

Konflikt treten. Der *Feldgottesdienst* ist gewissermaßen die zugespitzte Form geistlicher Linderung von Gewissensnöten im Militärdienst – und nicht gerade selten hat die Kirche fragwürdige Absolution erteilt. Wie ist es zu deuten, wenn in einer demokratischen Partei ein Gottesdienst mit militärischem Hintergrund gefordert wird? Wahrscheinlich ist der politische Offenbarungseid so nah, daß Anleihen beim geistlichen Eigentum entthronter Sinnagenturen wie der Kirchen – Stichwort Absolution – unverzichtbar werden. Jedoch wäre anzuraten, mit den Kirchen lieber gleich über ein Konkordat zur Einrichtung von *Parteigeistlichen* zu verhandeln.

Flut (f.) Metaphorischer Ausdruck zur dramatisierenden Darstellung und Abwehr von Überforderungserscheinungen. Indem Sie unliebsame Behelligungen als *Flut* charakterisieren, verdeutlichen Sie deren Unzumutbarkeit sowie die Notwendigkeit rascher Eindämmungsmaßnahmen. Nicht Sie sind es, der aufgrund fehlgeleiteter Kanalisierung in Vorgängen unterzugehen droht; vielmehr sind es die Vorgänge selbst, die selbstverschuldet in Steuerungsunfähigkeit ausufern und daher nicht auf Erledigung hoffen lassen. Indem Sie die mit dem Urerlebnis der *Flut* verbundenen Ängste vor Naturkatastrophen wecken, können Sie bei Ihren Partnern zumindest mit Verständnis rechnen. *Antragsflut, Asylantenflut, Informationsflut* lauten klassische und neuzeitliche Formen, die von der trotz aller ökologischen Unkenrufe uneingeschränkten Macht der Natur in modernen ⇒Lebenszusammenhängen zeugen.

Folie (f.) Die Fähigkeit zu komplexem Denken beweist, wer seine Gedanken nicht einfach kausal, final oder konsekutivisch miteinander verbindet, sondern die semantisch-logischen Verknüpfungen *auf der Folie* anderer, grundlegenderer Gedanken vollzieht (früher: *auf* oder *vor dem Hintergrund*). Der Vorteil der *Folie* beruht auch darauf, daß sie keine verpflichtende logische Kategorie ist, sondern locker bei jeder sich bietenden Gelegenheit auf- oder abgelegt werden kann. Ebensowenig ist festgelegt, wieviel von der *Folie* durchscheinen muß.

Formsprache (f.) Nicht etwa die Sprache der Logik, der Mathematik oder Naturwissenschaften, sondern die graphische Gestaltung von Gegenständen. Gern auch – wider alle Erfahrung – *zeitlose Formsprache*.

Fortbildung (f.) Seit nach gängigem Urteil Gesamtschule, Mengenlehre, Rechtschreibreform und Lehrer der 68er Generation in einer Allianz des Grauens dem guten alten Bildungskanon den Garaus gemacht haben, darf Deutschland nicht mehr als Hort der Bildung gelten. Zum Beispiel nimmt die Qualität des Abiturs dramatisch ab. Dabei ist der Zeitpunkt des Qualitätsrückgangs ganz genau zu bestimmen, nämlich gewöhnlich kurz nachdem der jeweilige Kritiker selbst sein Abitur gemacht hat. Aus dem allgemeinen Gefühl des Ungenügens – eine deutsche Spezialität – erklärt sich auch die Spitzenposition, die Deutschland in der *Fortbildung* einnimmt. Wie kaum sonst auf dieser Welt streben hierzulande Beschäftigte in *Fortbildungsseminare* aller Art. Diese vermitteln den von schlechtem Gewissen und

Drang nach Perfektionismus Gepeinigten das vage Gefühl, durch eine Art Frischzellentherapie wieder Anschluß an aktuelle Kenntnisse zu bekommen. Doch hält das Gefühl nicht lange vor – zum Glück für die Branche. Denn schon bald macht die ⇒rasant sich verkürzende Halbwertszeit einen weiteren Kurs erforderlich. Das ist der Unterschied zwischen Bildung und *Fortbildung*: daß Bildung geistiges Eigentum bedeutete, während *Fortbildung* das endlose Weiterbüffeln schon begrifflich in sich trägt: Volkshochschule als Lebensentwurf. Die Bildung, früher ein geheimnisumflorter, weihevoller Begriff, verschwindet hinter den funktionalen Segmenten der »Aus-, Fort- und Weiterbildung«. Bildung als Begriff verliert damit ihren ehemaligen semantischen Kern als lebenslang tragende Mischung aus familiärer Erziehung, großem Latinum, Thomas Mann und Trigonometrie. Was man einmal gelernt hat, reicht nun vorne und hinten nicht mehr – lebenslängliche *Fortbildung* ist angesagt. Doch wird es wegen der Fortbildungsflut immer schwieriger, überhaupt noch geeignete Referenten und Dozenten für eine Lehrtätigkeit zu gewinnen. Jüngere Vorfälle aus dem militärischen Bildungswesen lassen Schlimmes ahnen. Wer weiß, wer alles aus schierer Rekrutierungsnot zum Fortbildungseinsatz gelangt? Kriminelle in kriminologischen Lehrveranstaltungen? Analphabeten in Kursen für kreatives Schreiben? Männliche Beamte in Fortbildungen für Gleichstellungsbeauftragte? Hier besteht dringender Handlungsbedarf. [siehe auch ⇒Modul].

Fortschritt (m.) Überholter Leitbegriff des linken Lagers. Durch die Auflösung des Sozialismus als Staatsform steht der *Fortschritt* aber wieder zur allgemeinen Verfügung. Dies hat zuerst ein Automobilhersteller erkannt und sich in Form des Slogans »*Fortschritt* durch Technik« zunutze gemacht. Angesichts des inflationären Gebrauchs des Begriffs ⇒Innovation bietet sich *Fortschritt* als semantische Alternative an.

Frage (f.) Überholte Form, heute ⇒Fragestellung.

Fragestellung (f.) Hat die veraltete »Frage« abgelöst. *Fragestellung* ist eine gelungene Form sprachlicher Ersparnis. Denn daß und wie eine Frage gestellt wird, ist in ihr vereint. Statt »Die Art, wie Sie Ihre Frage stellen, ist interessant« sagen Sie kurz und bündig: »Ihre Fragestellung ist interessant.« Logisch heikel wird es, wenn die Fragestellung, wie heute beliebt, »formuliert« oder auch »neu formuliert« wird. Denn das bedeutet eigentlich: »Die Art, wie die Frage gestellt wird, muß neu formuliert werden.« Zwar kann man eine »Frage« formulieren, nicht aber eine Art. Eine Art kann man beschreiben, dann aber wird die Beschreibung formuliert, nicht die Art. Stören Sie sich nicht daran, andere tun es auch nicht. Denn in der Hauptsache weist die *Fragestellung* ihr höheres theoretisches Niveau und ihre inhaltliche ⇒Komplexität gegenüber der simplen »Frage« aus. Wer eine *Fragestellung* im Sinne von »Frage« formuliert – nur so kann sie ja eigentlich formuliert werden – hebt sich ab von jenen, die da nur banal »Fragen stellen«. Ein weiterer Vorzug, der das hohe Niveau der *Fragestellung* unterstreicht: Man braucht nicht auf sie zu antworten. Man formuliert sie, man diskutiert sie; beantworten muß man jedoch nur »Fragen«.

Füllhorn (n.) Eigentlich Symbol für Überfluß, Glück. Schütten Sie – eher im akademischen Kontext – gelegentlich Ihr *Füllhorn* beispielsweise *an Impulsen* aus.

Fun (ohne Artikel) Wichtiger Begriff der Erlebnisgesellschaft. Die Ausgestaltung von *Fun* ist je nach Milieu unterschiedlich, das allgemein Gemeinte ist jedoch gleich. Gemeint ist nicht der auf Kenntnis, Auswahl und Disziplin angewiesene langsame Genuß, sondern die positive Gefühlseruption, die das Korsett der Zivilisation sprengt und ⇒radikal sich selbst genügt. Daher kann auch jeder *Fun haben*, der sich anti-zivilisatorisch verhält, was wiederum das zutiefst Demokratische von *Fun* ausmacht: Denn egal, ob man sich den Mühen der Zivilisiertheit ausgesetzt hat oder nicht – jeder kann *Fun haben*. Eher hat es derjenige schwerer, der den Prozeß der Zivilisation durchlaufen hat, weil er sie erst abschütteln muß, während der gute Wilde einen direkteren Zugang zur *Fun* hat. Neuerdings aber werden auch Freunde von *Fun* zusehends mit vorgängiger Mühsal belastet. Sie müssen sich erst einmal *fit for fun* machen. Gemein!

Ganzheitlichkeit (f.) Wenn man im einzelnen nicht mehr weiter weiß, sind weit ausgreifende Entwürfe und ⇒Visionen gefragt. Dann brechen harte Zeiten für analytisches Denken an. Allenthalben wird nach Heilsbotschaften gerufen, die die Welt aus wenigen Prämissen erklären und überhaupt schlichtes Gerät mit ⇒umfassender Wirkung feilbieten. In dieser Situation bietet die Psychologie unter vielversprechendem Rubrum das Ende kleinteiliger Mühsal an: *Ganzheitlich-*

keit heißt das Zauberwort. Seine Debatten-Tauglichkeit wird durch folgende Definition offenbar: »Für das unreflektierte Anschauen und Erleben ist Ganzheitlichkeit fraglos.« (Hehlmann, W., Wörterbuch der Psychologie). Fraglos ist *Ganzheitlichkeit* insbesondere für ausgreifende Randbezirke der Wirtschaft. Unternehmensberater bieten *ganzheitliche Beratungsphilosophie* an, Makler locken den sinnsuchenden Kunden mit *ganzheitlichem Immobilienmanagement*. Aber auch Eltern schlechter Schüler können dank *ganzheitlichen Lernens* auf abiturreife Wissensvermittlung sozusagen mit einem Rutsch hoffen. [siehe auch ⇒Erlebnis, ⇒Philosophie].

Generation (f.) Ursprünglich auf historisch prägende Jahrgänge des homo sapiens beschränkt, werden mit der Emanzipation der Warenwelt nun auch Produkte und Orte mit dem Begriff *Generation* geadelt. Dies erleichtert den Mitbürgern die Wiedererkennung ihrer eigenen Altersklassen oder Jahrgänge beträchtlich: Gehören Sie auch der *Generation Golf* an? Erinnern Sie sich noch, als die *Generation Windows '95* auf den Markt kam? Das waren noch Zeiten!

Geschlossenheit (f.) Wird gewöhnlich in Form eines mahnenden Aufrufs gefordert. Vorsicht! So verdienstvoll und scheinbar uneigennützig der Aufruf ist, so wirkungslos ist er auch oft. Zwar ist er nicht ganz ohne rhetorische Finesse, da der zur *Geschlossenheit* Aufrufende seine Widersacher unter dem Deckmantel allgemeinen Interesses nur zum Schulterschluß mit seiner eigenen Auffassung nötigen will. Aber selbst aus seiner subjektiven Sicht sind die Widersacher entweder bösartig oder naiv. Sind sie bösartig, so widerstehen sie ihm bewußt, werden also nicht davon ablassen. Sind sie naiv, verstehen sie gar nicht, was er von ihnen will. Die *Geschlossenheit* steht im Widerspruch zur allerorten geforderten ⇒Offenheit, was aber noch nicht aufgefallen ist, zumal der Widerspruch scheinbar folgendermaßen gelöst wird: Die *Geschlossenheit* richtet sich nach innen, die Offenheit nach außen. Je größer die innere *Geschlossenheit*, desto größer die Offenheit nach außen. Auch das ist zwar feuerpolizeilich einleuchtend, nicht aber mengentheoretisch und auch nicht soziologisch.

Gesellschaft (f.) Die hohe Kunst wirkungsvoller Rhetorik beruht im nach wie vor geltenden Paradigma gesellschaftlicher ⇒Relevanz darauf, die eigene Sichtweise und Bedürfnislage als die der *Gesellschaft* insgesamt auszugeben und dadurch die eigene Position zu rechtfertigen. Begriffstechnisch besteht diese Kunst darin, Partikularinteressen, Nebenaspekten und Einzelfällen mittels des Attributs *-gesellschaft* die Weihen der Repräsentativität zu verleihen. Dazu muß man imstande sein, den Begriff der Gesellschaft mit seinem bekanntlich komplexen sozialen Inhalt rücksichtslos auf einen Aspekt zu verengen und gleichzeitig seine umfassende Erklärungskraft zu behaupten. Lassen Sie sich von derartigem Autismus nicht abschrecken! Er ist üblich und gesellschaftsfähig. Zumal die verschiedenen Charakterisierungen hervorragend zu kombinieren sind, wobei man je nach Gelegenheit die eine oder die andere hervorhebt. Sieht zum Beispiel ein deutsches Nachrichtenmagazin die *Vorwurfsgesellschaft* am Werk, so thematisieren andere die *Verantwortungsgesellschaft*. Das ist durchaus kompatibel. Schließlich leben die Verantwortlichen davon, daß sie den Verantwortungslosen ihr Verhalten zum Vorwurf machen. – Oder auch so: Da Verantwortliche zu Selbstgerechtigkeit neigen und Verantwortungslose ihr Verhalten naturgemäß nicht als verantwortungslos erkennen, werfen beide Parteien einander Verantwortungslosigkeit vor. Parallel dazu werfen andere die *Federkissengesellschaft* in die Debatte, repliziert durch die *Ellbogengesellschaft*. Kein Problem: Die Verantwortlichen ruhen vorwurfsvoll auf den Federkissen ihrer Selbstgerechtigkeit, die Verantwortungslosen bedienen sich derweil ihrer Ellbogen. Beliebt ist auch die *Erlebnisgesellschaft,* gefolgt von der *Staugesellschaft*. Inkompatibel? Keineswegs. Schließlich gibt es das Gruppenerlebnis im Stau. Vorstellbar sind indes auch Verantwortungslose, die auf der ellbogenorientierten Jagd nach Erlebnissen dahinrasen, während Verantwortungslose vorwurfsvoll auf Federkissen im Stau dahindümpeln. Der Darstellung des gesellschaftlichen Zusammenhangs dienen in Kombination mit den genannten Charakterisierungen auch ältere Begriffe wie *Freizeit-* und *Leistungsgesellschaft*. Denn Freizeitgestaltung erfordert Verantwortungsbewußtsein, Leistung aber erfordert Ellbogen. Zeigen Sie an dieser Stelle ⇒Nachdenklichkeit und stellen Sie die Frage nach den Risiken, etwa in folgender Form: Provoziert die *Risikogesellschaft* der erlebnishungrigen, verantwortungslosen, leistungsorientierten Ellbogen nicht doch die *Protestgesellschaft* der freizeitorientierten, vorwurfs- und verantwortungsvollen und im Stau sich langweilenden Federkissen? Die Lösung: In einer *Anspruchsgesellschaft* leben sie alle. Und da die *Kommunikations-*

gesellschaft die Mitglieder der *Konsumgesellschaft* stets über alle Vorwürfe auf dem Laufenden hält, begünstigt sie die *Anspruchsgesellschaft,* die allerdings zu einer *Wegwerfgesellschaft* mutiert, sobald ihre Ansprüche erfüllt sind. Dies bringt hinwiederum die *Versorgungsgesellschaft* hervor. Weitere zweckdienliche Komposita: *Arbeitsgesellschaft, blockierte Gesellschaft, Egogesellschaft, formatierte Gesellschaft, Informationsgesellschaft, Konfettigesellschaft, Lerngesellschaft, Neidgesellschaft, Spaßgesellschaft, Taschengeldgesellschaft, Talk- und Schwatzgesellschaft, Wissensgesellschaft, Zuschauergesellschaft, Zweidrittelgesellschaft.*

Gesinnungsethiker, linksmoralischer (m.) Nach dem Ende der Meisterideologien sind Gesinnungen aus der Mode gekommen. Als Schimpfwort ist der *Gesinnungsethiker* (gegenüber dem Verantwortungsethiker) ohnehin seit langem etabliert. Interessant ist der *Gesinnungsethiker* daher zuvörderst in seiner *linksmoralischen* Daseinsform. Von links kommend, könnte man hier eine Tautologie vermuten, da sich ja die Linken im Besitz des moralischen Monopols wähnen. So gesehen, wäre es ein echter Informationszusatz, wenn man es mit einem *rechtsmoralischen Gesinnungsethiker* zu tun hätte, der seinen Sozialdarwinismus, durch Elemente aus der katholischen Soziallehre gemäßigt, moralisiert hätte. Da im zitierten Begriffspaar aber nun aus rechter Sicht ein Vertreter der Linken attackiert wird, kann dies zweierlei bedeuten: Entweder werden *moralisch* und *links* gleichgesetzt, was ein verheerender rhetorischer Mißgriff wäre, denn wie kann man nur dem Gegner das beanspruchte Moralmonopol auch noch zugestehen?

Oder aber *moralisch* wird durch *links* spezifiziert in dem Sinne, daß es eine besondere, schädliche linke Moral gibt. Die sollte man dem politischen Lagergegner aber nicht zusprechen, wo doch die Linke bekanntlich amoralisch ist, wie die Schriften Lenins zeigen. Meiden Sie daher diese Formel.

Globalisierung (f.) Begriff mit hoher Selbstevidenz. Natürlich war die Welt schon immer global, schließlich hat sich an der Form des Globus nach Kenntnis der Geologen wenig geändert. Neu aber ist die allerorten behauptete weltumspannende ⇒Kommunikation, der Austausch aller mit allen an jedem beliebigen Ort. Das ständig wachsende Quantum dieses globalen Austauschs wird durch den Begriff der *Globalisierung* gekennzeichnet. Das Konzept der Globalisierung besteht erkenntnislogisch darin, daß alles mit allem irgendwie zusammenhängt. Die Allzuständigkeit der *Globalisierung* löst beim Publikum gewöhnlich drei Eindrücke aus: Erstens, daß ihr niemand entrinnen kann; zweitens, daß man nicht konkret auf sie reagieren kann, da sie nicht faßbar ist; und drittens, daß derjenige, der sie sich zum Thema setzt, der Wahrheit resolut ins Auge blickt. – Die *Globalisierung* bezeichnet keine präzise Ursache, sondern ist zu einem Synonym für Ursächlichkeit schlechthin geworden. Keiner weiß so recht, was genau damit gemeint ist, keiner wird dies aber zugestehen, und jeder wird beim Vernehmen des Begriffs von einem Gefühl des Ungenügens erfaßt sein, das Sie für jede Herleitung von Zusammenhängen und Notwendigkeiten nach Belieben ausnutzen können. Genau darauf beruht die Argumentationsleistung des Begriffs.

Was immer Sie rechtfertigen oder einfordern wollen, Sie können es getrost auf die *Globalisierung* zurückführen. Beginnen Sie Ihre Ausführungen daher stets mit der Formel »Angesichts der ⇒zunehmenden *Globalisierung*« und ergänzen Sie diese Ouvertüre durch die von Ihnen gerade für notwendig befundene oder Ihnen nützliche Forderung.

Grenzen (f.pl.) Teil eines bipolaren Begriffspaares, siehe ⇒Möglichkeiten. [siehe auch ⇒grenzüberschreitend].

Grenzsituation (f.) Begriff aus der Existenzphilosphie. Wird heute im Rahmen der geschäftlichen und administrativen Kommunikation zum Zweck dramatisierender Schilderung auf Computerabstürze, Fehlplanungen, Arbeitsüberlastung und mißlungene Dienstreisen (verpaßte Flüge, verspätete Züge) bezogen.

Handlungsunfähigkeit (f.) In einer Zeit der ⇒Machbarkeit muß die *Handlungsunfähigkeit* als die schiere Apokalypse gelten. Bevor Sie Ihrem Kontrahenten alle möglichen Unfähigkeiten unterstellen, sollten Sie ihm daher *Handlungsunfähigkeit* nachsagen. Dies um so mehr, als man in heutigem Verständnis gewöhnlich aus eigenem Verschulden handlungsunfähig wird. Äußere Umstände kann Ihr Gegner nach dem Ende der deterministischen Soziologie kaum noch glaubwürdig geltend machen. Außerdem gestände er damit ein, das Gesetz des Handelns aus der Hand gegeben zu haben. Nein, er hat sich selbstverschuldet durch Fehlentscheidungen, ⇒Bedenkenträgertum, Versorgungsmentalität und ähnliches mehr in seine klägliche Lage hineinmanövriert, die Sie nicht etwa mit dem Ausdruck scheinbaren Bedauerns, sondern mit der Vehemenz des Anklagenden zur Sprache bringen, der nicht zuletzt durch die Kraft zur reinigenden Katharsis seine eigene Handlungsfähigkeit unterstreicht.

Häppchen (n.) Deutsche Nahrung ist bekanntlich deftig und mächtig. Fleisch, Kartoffeln und Kohl wollen mit kräftigen Bissen verspeist sein. Mit der Zurückdrängung körperlicher Arbeit ist jedoch das quantitativ orientierte Ernährungsverhalten durch ein eher qualitatives verdrängt worden. Man kostet lieber wenig – allerdings von vielen verschiedenen Nahrungsangeboten. Daher auch die Beliebtheit des Buffets (das einem unter anderem auch den Kontakt mit unwilliger Bedienung erspart). Die *Häppchen*-Ernährung findet sich durch Bedeutungsübertragung auch im ⇒Bereich der geistig-kulturellen Nahrungsaufnahme wieder. In den Wissenschaften wird weitschweifige Primärliteratur durch »Reader« auf das Wesentliche und damit geistig leicht Verdauliche begrenzt. In der Publizistik hat das letzte Stündlein für langatmige Reportagen geschlagen, bevorzugt werden Facts and Figures, gern auch in graphischer Aufbereitung. In der Musik überwiegen zielgruppengerechte Kompilationen wie zum Beispiel ⇒Kuschelklassik. Vorbei die unseligen Zeiten, da – zugegebenermaßen talentierte – Despoten Generationen von Schülern, Studenten und sonstigen kulturell Desinteressierten das Durchackern voluminöser Oeuvres verordnen konnten. In der Zielgruppengesellschaft ist endlich der Kunde König geworden.

Hausaufgaben (f.pl.) Non scolae sed vitae discimus, und daher wird der Deutsche auch nach der regulären Schulzeit immer wieder gemahnt, er solle »seine *Hausaufgaben* machen«. Noch lieber aber mahnt er andere. Offenbar wirkt das schulische Trauma besonders nachhaltig im Berufsstand des Politikers nach, denn dort ist das oberlehrerhafte Anmahnen nicht erledigter *Hausaufgaben* an der Tagesordnung.

Hausnummer (f.) Nicht viele können mit dem Geld um sich werfen, noch weniger aber wollen dies eingestehen. Wer in privaten oder dienstlichen ⇒buchhalterischen ⇒Lebenszusammenhängen den Eindruck eines finanziell gut ausgestatteten Bohémiens hinterlassen möchte, kann seine Frage nach der Schätzung eines Geldbetrages weltmännisch so formulieren: »Nennen Sie mal eine *Hausnummer.*« Kaum etwas ist ja so zufällig wie die zugewiesene *Hausnummer* – und kaum jemand ist souveräner als der, der sich selbst in finanziellen Dingen auf das Pokern mit beliebigen *Hausnummern* einlassen kann. Die *Hausnummer* ist übrigens bislang nicht Gegenstand der in der Schule gelehrten Grundrechenarten. Zu Unrecht, wie ihre Beliebtheit gerade in geschäftlichen Verhandlungen anzeigt.

Herausforderungen (f.pl.) Wer ein ⇒Problem lösungsbezogen formuliert, spricht heutzutage von *Herausforderungen.* Andere müssen Probleme lösen, Sie aber stehen allerhöchstens vor *Herausforderungen,* denen Sie sich selbstverständlich *stellen.* Aber lassen Sie sich herausfordern? Eigentlich ja nicht. Sie fordern andere heraus! Ihnen bieten sich ⇒Probleme, also *Herausfor-*

derungen, zuallererst als ⇒Chancen dar. Wenn andere grüblerisch und zaghaft an Problemen, die sie besser als *Herausforderungen* begreifen sollten, herumdoktern, so begreifen Sie deren Unvermögen als eigenen Startvorteil und Chance. Kurz: Die Probleme anderer sind Ihre Chance. [siehe auch ⇒Chance].

Hochbegabte (m.pl.) Nachdem in unseren Breiten jahrzehntelang aufgrund gleichmacherischer Erbhöfe das Modell der Klippschule die Herausbildung von Eliten behindert hat, erschallt endlich mit hellem Klang das Hohelied der *Hochbegabten*. Nun soll gottlob die Korrelation sozialer und geistiger Differenzierung nicht mehr verhindert, sondern gefördert werden. Prototyp der von Funktionseliten geführten Gesellschaft ist der *Hochbegabte*. Prototyp gleichmacherischer Bildungsphantasien ist hingegen der Sonderschüler. Gehörten Sie bislang nicht zu den anerkannt *Hochbegabten*? Das will nichts heißen. Im curricularen Allerweltsbrei der Gesamtschul-Kultur konnten Ihre Begabungen doch gar nicht rechtzeitig erkannt und gezielt gefördert werden!

Horizont (m.) Als Sprecher des Elitedeutschen endet Ihr Gesichtskreis nicht kleinkariert bei den Schuhspitzen – Sie blicken weit voraus. Ihr Blick verliert sich aber nicht im Ungefähren, sondern ist auch in der Kontemplation ziel- und ergebnisorientiert: Sie haben den *Horizont* im Visier. Ihre Erlebnisse wabern nicht unkontrolliert im Unterbewußtsein, sondern siedeln sich in klarer Anordnung auf der Geraden Ihres *Erlebnishorizontes* an. Ihre Erfahrungen lasten nicht auf Hängeschultern, sondern stehen Ihrem Zugriff auf dem *Erfahrungshori-*

zont stets dienstbeflissen zur Verfügung. Ihr *Horizont* steckt ein unermeßliches Feld von Ressourcen ab – bis er sich erneut erweitert. Vorsicht! Der Begriff ist auch in Psycho-Kreisen beliebt. [siehe auch ⇒Dimension].

Horrortrip (m.) Ursprünglich zur Kennzeichnung von Negativfolgen der Einnahme psychedelischer Drogen verwandt, dient der *Horrortrip* heute zur dramatisierenden Beschreibung von privaten und dienstlichen Reiseerlebnissen: »Die letzte Dienstreise nach Bochum war ein echter *Horrortrip*«. [siehe auch ⇒Chaos, ⇒Katastrophe, ⇒Panik, ⇒spannend].

Identität (f.) Ein inflexibles und daher unzeitgemäßes Verständnis von *Identität* ist das des Aristoteles, der fordert, daß jeder Begriff in einem logischen Zusammenhang nur in ein und derselben Bedeutung verwandt werden darf. Sein Ausgangspunkt, das logische Prinzip des ausgeschlossenen Widerspruchs, muß unter den modernen Bedingungen ganzheitlicher ⇒Kommunikation als unsachgemäß angesehen werden. *Identität* ist im heutigen Sinne denn auch nicht auf die Identität eines Dings mit sich selbst bezogen, sondern auf die Identitätsbeziehung der Form x = y, also auf die Identität von Verschiedenem. Vor allem aber hat das wirtschaftswissenschaftliche Paradigma den Begriff der *Identität* aus seiner logisch-philosophischen Verkrustung herausgebrochen und ihn unter Nutzung seines bereits in der Psychologie aufgeweichten Bedeutungsfeldes für moderne Verhältnisse brauchbar gemacht. Was das Ich oder Selbst des Individuums im Sinne von *Identität* in der Psychologie, das ist nun eine je nach Nutzen und

Modeerscheinung changierende Aufzählung von Eigenschaften, Anschauungen, Tätigkeiten und Zielen eines beliebigen Ganzen. Dabei gilt folgerichtig – aber immerhin – das Prinzip der abstrakten *Identität*, der zufolge ein Ding als Subjekt der an ihm sich vollziehenden Veränderungen gleich bleibt. Egal also, was passiert: Städte, Regionen, Unternehmen, Parteien haben heute ihre jeweils *unverwechselbare Identität*. Es ist dies eine marketinggerechte Ausformung einer Politik oder Wirtschaft »zum Anfassen«, die sich dem Bürger oder Kunden als konkrete, faßbare Persönlichkeit darzubieten befleißigt. Anders aber als real existierende Individuen bieten sich die genannten Ganzheiten als ungebrochene Persönlichkeiten ohne Fehl und Tadel dar.

Impulsgespräch (n.) Wie bringt man Vielfalt in die immer wiederkehrende Konstellation, in der eine geringe Zahl Auserwählter an einem Podium Platz nimmt und abwechselnd das Wort ergreift, in manchen Fällen ergänzt durch ein Auditorium, das ohne Tisch auskommen und dafür um so nachdenklicher zuhören muß? Zwei tagungsrelevante Strategien sind derzeit erkennbar, eine architektonische und eine semantisch-inhaltliche. Die architektonische besteht in der Umwandlung rechteckiger Tische, die konventionell zwei, drei oder vier zentrale Positionen aufweisen, in sogenannte Runde Tische, die nur gleichrangige Positionen anbieten und daher 1989 beliebt waren. Runde Tische hielten sich trotz historischer Bedeutung nicht lange und wurden von »Round tables« abgelöst (natürlich nur der internationalen Verständigung wegen). Auch architektonisch wurde der Round table verwässert, da er heute durchaus oval oder rechteckig sein kann, wodurch eigentlich eine Unterscheidung in echte und nur metaphorische Round tables erforderlich wird. – Die semantisch-inhaltliche Strategie zur Erzeugung von Tagungsvielfalt gründet sich auf Wortschöpfungen. Derzeit ist insbesondere das *Impulsgespräch* en vogue. Im Unterschied zum Podiumsgespräch oder auch zum Experten-Hearing verzichtet das *Impulsgespräch* auf im doppelten Sinne erschöpfende Darlegungen. Es ist eher dem ⇒Andiskutieren, Anreißen und ⇒Andenken von Themen verpflichtet. Das *Impulsgespräch* nimmt postmodernen Abschied von den letzten Gründen. Die Sitzordnung bleibt unverändert.

Impulsreferat (n.) Nichts ist undankbarer, als bei Konferenzen den Part der Einführung übernehmen zu müssen. Das Grußwort kommt zumindest mit der Autorität des Gastgebers daher. Thematische Referate können durch provokante Ableitungen zu einzelnen Aspekten glänzen. Die Einführung ins Thema aber wiederholt gewöhnlich nur sattsam Bekanntes und dient den nachfolgenden Referenten als Zeitkorridor, um raschelnd ihre Papiere zu ordnen, und dem restlichen Auditorium, um die ideale Ruheposition einzunehmen, Flaschen oder Kannen zu öffnen und Gläser oder Tassen zu füllen. Um die einschläfernde Behäbigkeit der Einführung wenigstens begrifflich zu überwinden, wurde die Bezeichnung *Impulsreferat* gewählt, die die Schockwirkung elektrischer Impulse erwarten läßt. Die veranstaltungspsychologische Wirkung des *Impulsreferates* ist noch nicht erwiesen.

Individualisierung (f.) Folge der Durchdringung des gesellschaftlichen Lebens mit marktwirtschaftlichen Beziehungsformen. Ein guter Rat: Bekennen Sie sich rückhaltlos zur individuellen Freiheit und meinen Sie damit die schrankenlose Verfügbarkeit des einzelnen im Wirtschaftskreislauf. Alles andere sind Halbherzigkeiten und Rückzugsgefechte konservativer Rest-Eliten. Schon Humboldt erkannte die notwendige Beziehung zwischen Einsamkeit und Freiheit. Die real existierende Welt ist nun einmal nicht in der kuscheligen Muffigkeit der Sozialromantik zu haben. Wer den Wettbewerb nicht als Mittel, sondern als Ziel definiert, muß sich auch zum Einzelkämpfertum bekennen können. Und schließlich bringt der Markt auch wieder Angebote für individualisierte wettbewerbliche Aktivisten hervor, z.B. Gruppenangebote für Alleinreisende und Single-Clubs. Es ist für alles gesorgt. [siehe auch ⇒Desintegration.]

Information (f.) Prägte noch der Medientheoretiker Marshall McLuhan den Satz, daß die Informativität einer Nachricht umgekehrt proportional zu ihrer Vorhersehbarkeit ist, so ist unter den Bedingungen der *Informationsgesellschaft* von dieser Definition resolut Abstand zu nehmen. *Information* ist heute nicht mehr notwendigerweise an Neues oder Unbekanntes geknüpft. Zwar bewahrt der Begriff noch einen Rest seiner alten Bedeutung, was ihn denn auch insbesondere für jene interessant macht, die wenig Neues mitzuteilen haben, gleichwohl aber bemerkt werden wollen. In ihrer tatsächlichen Bedeutung meint *Information* heute aber vielmehr allgemein das Ausstoßen von menschlichen Lauten mit multipler oder auch ohne Zwecksetzung. Gleichzeitig sind aber nur jene Laute imstande, in die harte Währung der Aufmerksamkeit umgemünzt zu werden, die sich unter dem Rubrum *Information* darbieten, da nur sie Relevanz bescheinigt. Im Seminartourismus ist der *Informationsaustausch* die bare Münze der Legitimation. Was und warum mit welchem Nutzen ausgetauscht wird, wird meist nicht weiter nachgefragt. Sind Sie indessen wider Erwarten in der Verlegenheit, auf hartnäckige Nachfrage nicht antworten zu können, so erweist sich der Hinweis auf ein *Informationsdefizit* als hilfreich. Dies gilt in der *Informationsgesellschaft* als kapitales Versäumnis, zu dessen Überwindung viele Mittel recht sind, zum Beispiel auch der *Informationsaustausch,* den Sie nun schleunigst initiieren sollten.

Innovation (f.) Schlüsselbegriff mit hoher Selbstevidenz. Es gab Epochen und es mag wieder welche geben, die der Verarbeitung und Einbeziehung vergangenen Wissens einen wichtigen Platz einräumen; die unsrige fixiert den Blick auf alles, was vom Vergangenen fortstrebt und in die Zukunft weist. Dieser Sicht liegt ein nervöses Gefühl der Zeit zugrunde, daß Erreichtes binnen kurzem durch digitalen Fortschritt hinfällig wird und daß nichts und niemand Fortbestand erwarten kann. Dieser nunmehr technologische Darwinismus hat derzeit die Argumentationskraft eines neuen Naturgesetzes, von dem allerdings keine naturwissenschaftliche Stringenz erwartet werden darf: *Innovation* und ⇒Globalisierung sind Ursache, Konstituenten und Katalysatoren eines sich verselbständigenden Prozesses unablässigen und sich zunehmend beschleunigenden ⇒Wandels.

Anders als frühere Fortschrittsideologien wird das Naturgesetz der *Innovation* nicht als etwas angesehen, das in den Dienst des Menschen gestellt werden kann. *Innovation* ist keine utopistische Zukunftsverheißung, wie es der »wissenschaftlich-technische Fortschritt« im real existierenden Sozialismus war. Das ⇒Konzept der *Innovation* kehrt denn auch den sozialistischen Fortschrittsgedanken einfach um: Hier haben sich die sozialen Verhältnisse den Erfordernissen der *Innovation* anzupassen. – Ob *Innovation* unsere Lebensumstände verbessert oder verschlechtert, kann niemand sagen. Selbst ob sie instrumentell langfristig Erleichterung bringt, oder ob man an ihren Technikfolgen Schaden nehmen wird, ist ungewiß. Es steht aber auch nicht zur Diskussion. Schließlich fragt auch niemand, ob das Gesetz der Schwerkraft gut oder schlecht sei. – *Innovationen* gelten als kaum planbar und steuerbar. Sie werden als Phänomen der dritten Art verstanden, ähnlich wie der Stau aus dem Nichts. Auch wenn die *Innovation* also nicht direkt beeinflußbar ist, so kann man sie doch behindern. Dies versuchen die Don Quichotes der Postmoderne: ⇒Bedenkenträger und ⇒Besitzstandswahrer. Was sie betrifft, so stehen Sie selbstverständlich auf der Seite naturgesetzlicher *Innovation*. Sie befördern *innovative Standorte*, haben *innovative Konzepte*, *Strategien* und *Visionen* und fordern immer wieder *Innovationsbereitschaft* und *-fähigkeit* anderer ein.

Islamist (m.) Zwar liegt es nahe, den *Islamisten* für einen Islamwissenschaftler zu halten (vergl. Anglist, Germanist, Romanist etc.), in Wirklichkeit ist aber das Verhältnis des *Islamisten* zur Wissenschaft allerhöchstens ein indirektes. Denn der *Islamist* ist in erster Linie Praktiker. Der *Islamist* wurde ursprünglich als Fundamentalist bezeichnet. Da sich der Fundamentalist als Kampfbegriff jedoch auch für innenpolitische Querelen der westlichen Länder eignete, trat der *Islamist* an seine Stelle. Noch hat die Wortschöpfung nicht für übermäßige Verwirrung gesorgt, da die Islamwissenschaftler in der Öffentlichkeit kaum wahrgenommen werden. Langfristig aber sind die Islamwissenschaftler gut beraten, eine andere Berufsbezeichnung zu wählen, wenn sie sich deutlicher von den *Islamisten* abgrenzen wollen. Als Beispiel mag das Verhältnis zwischen Kriminellen und Kriminologen dienen oder auch der Fall der Floristen, deren Handwerk, die Floristik, der Botanik nicht in die Quere kommt. Die Botaniker sind's zufrieden.

issue (engl.) Daß die Nachkriegsdeutschen anglophil sind, ist bekannt und wird bei jeder Gelegenheit aufdringlich demonstriert. Da erstaunt es, daß ein zentraler, bedeutungsschwangerer Begriff englischsprachiger Konferenzrhetorik immer noch nicht den Weg in die deutsche Alltagssprache gefunden hat: *issue*. Zumal *issue* eigentlich alles ist, was irgendwie thematisiert werden kann, nämlich das Thema selbst, die Angelegenheit, der Sachverhalt, die Folgen des Sachverhaltes oder dessen Folgenlosigkeit, das Problem oder dessen Lösung usw. Da klafft eine schreckliche Lücke im Deutschen, die dringend zu füllen wäre.

Katalog (m.) In einer Anspruchsgesellschaft wie der unseren gehören Forderungen zu den häufigsten Sprechakten und Kommunikationsanlässen. Da in historischer

Kontinuität auch der elitedeutsche Mensch von Ordnungsliebe beseelt ist, empfiehlt es sich, Forderungen in der Form eines *Katalogs* zu stellen. Keine ⇒Panik! Der *Forderungskatalog* verpflichtet Sie nicht zum Anfertigen einer bebilderten Liste Ihrer Forderungen. Allein die ordnende Vorstellung des *Katalogs* ist ausreichend. Vorsicht! Derzeit wird *Forderungskatalogen* gern mit Sparpaketen entgegengetreten. [siehe auch ⇒Paket].

Katastrophe (f.) Wer meint, daß mit der weitgehenden Vermeidung von Naturkatastrophen diese aus der Vorstellungswelt des postmodernen Individuums verschwunden sind, der irrt. Die *Katastrophe* bevölkert nachgerade das Alltagsleben. Als Sprecher des Elitedeutschen sind Ihnen zwar eigentlich derartige Atavismen fremd. Gleichwohl sollten Sie allein der effizienten ⇒Kommunikation halber damit vertraut sein und sie gelegentlich wirkungsvoll einsetzen. Nehmen Sie die Sorgen und Nöte der Menschen ernst! Alltägliche *Katastrophen* sind beispielsweise: Hundekot auf Straßen und Spielwiesen, defekte Kopier- und Faxgeräte, der Geburtenrückgang in Ostdeutschland oder die Situation der Sportstätten in Rheinland-Pfalz. Schnüren auch Sie sich das zu Ihrem Arbeitsgebiet passende. Bündel an *Katastrophen*. Es verleiht Ihnen ein menschliches Image. [siehe auch ⇒Chaos,⇒Horrortrip, ⇒Panik].

Katastrophendenker (m.) Inzwischen dringt die Allmacht der Naturgewalten auch in Politik und Wirtschaft vor. Dort bildet sich eine rhetorische Spezies heran, die der Katastrophe unerschrocken ins Antlitz blickt und ihren Schrecken nachgerade lustvoll besingt: die

Katastrophendenker. Ähnlich wie die ⇒Systemveränderer nehmen die *Katastrophendenker* ihre Position am Gegenpol zu den ⇒Bedenkenträgern ein. Warnen letztere zweifelnd vor der Veränderungseuphorie, indem sie das Bewährte loben und die Risiken des ⇒Wandels zu bedenken geben, so predigen die *Katastrophendenker* den unvermeidlichen Untergang für den Fall, daß der Wandel nicht eintritt. Kein Risiko des Wandels könne so groß sein wie die Katastrophe, die uns im Falle des Verharrens ereile. Doch wie sollen die Katastrophendenker die Richtigkeit ihrer Drohung unter Beweis stellen? Die Bedenkenträger haben immerhin das zwar mangelhafte, aber doch Reale zur Hand, die Katastrophendenker nur die Hypothese. Daraus entsteht ihr Dilemma: Da sich die Richtigkeit ihres Schreckensszenarios erst mit seinem Eintreten erweist, müssen sie es unterschwellig herbeiwünschen. Verständlicherweise sind sie es leid, nur eine Möglichkeit zu dramatisieren, die nicht das Gewicht der Zwangsläufigkeit hätte. So zeichnet sich eine Radikalisierung der *Katastrophendenker* ab: Das ursprünglich als Bedrohung verstandene Zusteuern auf eine Katastrophe, die es zu verhindern galt, wird zur eigentlichen Therapie. Die *Katastrophendenker* wollen die Katastrophe nicht mehr verhindern. Sie wollen sie kontrolliert herbeireden. [siehe auch ⇒Konsensromantiker].

Kompetenz (f.) Daß Zuständigkeit an Fähigkeiten geknüpft sein soll, kann wohl niemand annehmen, der die Alltagswelt betrachtet. Häufig ist Fähigkeit geradezu ein Hindernis. Kurz: Zuständigkeit und Fähigkeit stehen in einem ⇒Spannungsfeld oder gar im Gegensatz zueinander. Da ist es ein Glücksfall, daß der Sprachgebrauch in den letzten Jahren die unliebsame Unterscheidung von Zuständigkeit und Fähigkeit zum Verschwinden gebracht und damit einen ⇒Beitrag zum Realismus geleistet hat: Heute heißt beides *Kompetenz*. Für eine Übergangszeit kann noch jeder selbst entscheiden, ob er mit dem Begriff *Kompetenz* Zuständigkeit oder Fähigkeit verbindet. Zunehmend bildet sich aber ein unscharfes Bedeutungsfeld heraus, das von beidem etwas, nämlich das jeweils Angenehme, aber nichts Verbindliches mehr enthält – sehr zum Vorteil all jener, die ohnehin nichts Klares im Sinn haben. *Kompetenz* können Sie an alles knüpfen. Neuere Beispiele: *Australienkompetenz, Kompetenz in Holz.*

Kommunikation (f.) Was den alten Griechen das Gespräch, was den französischen Salons die Konversation, das ist im Elitedeutschen die *Kommunikation*. Im Unterschied zu ihren historischen Vorläufern meint *Kommunikation* nicht das wechselseitige Zwiegespräch, sondern eher die Tatsache, daß A mit B kommuniziert, daß also A dem B etwas mitteilt, ohne jedoch – wie die altmodische »Mitteilung« – die Rollenzuweisung von Kommunikator und Zuhörer einzugestehen. Gerade darauf beruht die Beliebtheit des Begriffs; daß nämlich eine gleichberechtigte Gesprächssituation vorgetäuscht wird, wo es doch nur um einseitigen Redefluß geht. Die unverdecktere Form moderner one-way-Kommunikation ist nicht etwa die Mitteilung oder die Unterrichtung, sondern das »Briefing«, dessen fremdländische Herkunft den kruden Umstand abmildern hilft, daß A spricht und B schweigt. Denn das ist das ständig gebrochene Versprechen der modernen Form des Austauschs von Phonemen, daß jeder mit jedem zu jeder Zeit über alles kommunizieren dürfte. Dies hieße aber die *Kommunikation* mit dem ⇒Talk zu verwechseln. Vorsicht! *Bürokommunikation* meint nicht, wie es naheläge, die moderne Form des Schwätzchens von Büro zu Büro, sondern nur die dazu erforderliche technische Ausrüstung.

Komplexität (f.) Während im französischen Kulturkreis immer schon die Einfachheit (simplicité) als Zeichen der Durchdringung und Erfassung von Sachverhalten galt, wird den Deutschen von alters her die Neigung zu beeindruckender Umständlichkeit nicht gerade zu Unrecht zugeschrieben. Im Elitedeutschen gibt sich die Umständlichkeit gleichwohl nicht unverblümt als solche zu erkennen. Sie kommt vorzugsweise und zeitgeistgerecht im Gewande der *Komplexität* daher. Unter dem ⇒tiefgreifenden Einfluß wissenschaftlicher Halbbildung ist die *Komplexität* der Ausgangspunkt jeder fachlich und öffentlich thematisierten ⇒Fragestellung. Diese stellt sich als *komplexe* ⇒Problematik oder auch als problematische *Komplexität* dar, deren Lösungsversuch Respekt erheischt. Nicht der Lösungsversuch ist der Zweck der Erwähnung von *Komplexität*, sondern zunächst deren eindrucksvolle Erwähnung selbst. In einem zweiten Schritt erfolgt die ⇒Problematisierung der *Komplexität*, die dann allerdings den Weg ebnen sollte zur Reduktion von *Komplexität*. Deren Ergebnis ist das, was man gewöhnlich ⇒Information nennt. Extrem reduzierte Komplexität nennt man auch Banalität. Mit Banalitäten geben Sie sich nicht ab.

Konsensromatiker (m.) Zur gegnerischen Phalanx der ⇒Katastrophendenker zählt nicht nur die erdrückende Menge der ⇒Bedenkenträger. Letztere werden in jüngster Zeit durch eine weitere Berufsgruppe verstärkt: die *Konsensromantiker*. Geschichtsphilosophisch betrachtet, sind die *Konsensromantiker* aus der Sicht der Katastrophendenker jene, die weder die Naturnotwendigkeit noch die Produktivität des Aufeinanderprallens von Widersprüchen und Interessen begreifen. Ihnen wird ein Gesellschaftsbild unterstellt, in welchem Veränderungen unter Ausklammerung der Widersprüche und unter Betonung der Gemeinsamkeiten sozusagen im kameradschaftlichen Schulterschluß bewältigt werden. Die Katastrophendenker verachten derlei Halbherzigkeit, denn sie vertrauen allein auf die reinigende Kraft des Gewitters.

Konsensseligkeit (f.) Konstante euphorische Stimmungslage in der Kuschelecke, derer die ⇒Katastrophendenker die ⇒Konsensromatiker – nicht ganz ohne Neid – bezichtigen.

Konturen (f.pl.) Wer unablässig seinen geistigen ⇒Horizont nach Bemerkenswertem absucht, kommt nicht umhin, früher oder später auf irgendetwas zu stoßen. Sind Sie sich nicht ganz sicher, worum es sich dabei wohl handeln könnte, so bieten sich die *Konturen* an. So erblicken Sie im Ungefähren nicht einfach das Ungefähre, sondern *Konturen des Wandels*. Andere spähen noch kurzsichtig und hilflos, ohne etwas auszumachen, Sie aber haben bereits die *Konturen* im Blick!

Konzept (n.) Mit dem Charakter des Vorläufigen behaftete Überlegung. Nach dem Niedergang der großen philosophischen Systeme hat das endgültig vorläufige oder vorläufig endgültige *Konzept* den Anspruch umfassender Gedankengebäude abgelöst. In einer Zeit raschen ⇒Wandels sind *Konzepte* sinnfälliger Ausdruck der Kurzlebigkeit gedanklicher Konstrukte. Nehmen auch Sie Abschied von verkrampften Bemühungen um systematisch-wissenschaftliche Durchdringung und bekennen Sie sich zum Konzept des *Konzepts. Konzepte* werden üblicherweise in knappen *Konzeptpapieren* dargeboten, die möglichst wenig vollständige Sätze enthalten. *Konzepte* beziehen sich auf alle möglichen Bereiche des Lebens und Denkens, vom *Marketing-Konzept* bis hin zum *Konzept des Krieges*. Sie reduzieren Sachverhalte und ⇒Fragestellungen auf die Aspekte ihrer ⇒Machbarkeit unter Ausklammerung der Sinnfrage. Das Denken in *Konzepten* wird auch *konzeptionelles Denken* genannt. Das Denken außerhalb von *Konzepten* heißt *Konzeptionslosigkeit*.

Konzeption (f.) Haben Sie mehrere ⇒Konzepte in der Schublade, so können Sie sie zu einer *Konzeption* zusammenfassen. Doch Obacht! Mit der *Konzeption* bewegen Sie sich bereits gefährlich auf die überzogenen Erklärungsansprüche vergangener Gedankensysteme zu. Im Gegensatz zur ⇒Problematik, die unter allen Umständen dem schlichten ⇒Problem vorzuziehen ist, weil sie Ihre ganze ⇒Kompetenz erfordert und Ihnen damit nützliche Legitimität verleiht, kommt die *Konzeption* mit dem Ruch einer für heutige Verhältnisse inkommoden Schwere und Länge daher.

Kooperation (f.) Gewöhnlich in Verbindung mit dem Adjektiv *eng*, also *enge Kooperation*. Beliebt ist auch die Verbindung mit *Zusammenarbeit*, also *enge Kooperation und Zusammenarbeit;* oder auch *kooperative Zusammenarbeit*. Als Pendant zur Wettbewerbsfähigkeit bezeichnet die *Kooperationsfähigkeit* ein Bündel sozialer Techniken, die menschliche Sympathie nach Maßgabe der Zweckdienlichkeit mobilisieren und damit Abschied nehmen vom Diktat romantisch aufgeladener Beziehungen mit vorprogrammiertem Psychodrama.

Koordinaten (f.pl.) Beweisen Sie Ihren naturwissenschaftlichen Bildungshorizont, indem Sie diese aus der Mathematik stammende Bezeichnung zur Bestimmung der Lage von Punkten, Kurven und Flächen für die Charakterisierung Ihres Denkens und Handelns verwenden. Sie verleihen damit Ihrem Auftritt den Schein der Genauigkeit, ohne prüfende Nachfrage zu riskieren.

Korridor (m.) Einst als Metapher zur Bezeichnung der Verbindung auseinanderliegender Gebiete verwandt (Danziger *Korridor*), erfährt der *Korridor* derzeit unter dem Leitmotiv der Flexibilität eine Ausweitung auf nicht-räumliche Beziehungen. Als *Währungskorridor* und *Gehaltskorridor* hat der Begriff in Finanz- und Tarifpolitik Eingang gefunden, wo er eine gewisse Handlungsspanne bezeichnet. In zeitlichen Beziehungen dient der *Zeitkorridor*, dem Zeithorizont vergleichbar, zur Bezeichnung von Vereinbarungen, die sich von der Striktheit der Normalzeit absetzen. Der *Korridor* verdeutlicht die Grenzen der Flexibilität weniger als die

Enge des Hausflures oder des Treppenhauses, weshalb man auf mögliche Synonyme (z.B. Gehaltshausflur) verzichtet hat.

Krawalleur (m.) Neuprägung, die näherungsweise auf französisches Sprachgut zurückgeht und von den Medien anläßlich der Hannoveraner Chaostage eingeführt wurde. Vergleicht man den *Krawalleur* mit seinen Vorgängern, also mit dem Krawallmacher, dem Chaoten, dem Rowdy oder dem Randalierer, so ist allein an seiner sprachlichen Form eine Emanzipation des Berufsstandes abzulesen. Stören die veralteten Protagonisten des Vandalismus die öffentliche Ordnung sittenlos und transpirierend, so stellt sich der *Krawalleur* allein durch seinen Klang in neuem Licht dar: In teures dunkles Tuch gewandet, vollzieht er seine Mission mit Eleganz und Finesse. Er ist weniger am Demolieren von Gegenständen interessiert, als vielmehr einer Ästhetik der Zerstörung verpflichtet. Der *Krawalleur* wütet mit Stil und Philosophie. Sein Handgepäck ist nicht der Pflasterstein, sondern Nietzsche, Derrida und Guatarri. Nicht das Schaufenster ist Ziel seiner Handlung, sondern die Dekonstruktion. In einer Zeit verblassenden philosophischen Denkens versinnbildlicht der *Krawalleur* die vergebliche Sehnsucht nach Sinn in der sinnlosen Tat. Wie ungehobelt steht im Vergleich der aus dem Englischen entlehnte Hooligan da!

Krise (f.) Vom marxistischen Vokabular übernommenes Modewort zur Kennzeichnung der Schwierigkeiten anderer. *Krisen* sind Ihnen selbst fremd, sie erscheinen dafür um so häufiger im Zusammenhang mit ⇒Mitbewerbern oder auch mit gesellschaftlichen ⇒Bereichen, die sich Ihrem direkten Einfluß entziehen, was wiederum deren *Krisen* begründet. Potentiell krisenhaft sind alle Erscheinungen, die sich dem Gesetz des ⇒Wandels widersetzen und eigensinnig in ihren Besonderheiten verharren. Bei der Thematisierung von *Krisen* geht es zunächst weniger um deren ⇒Bewältigung als vielmehr um deren Anprangerung, bieten doch *Krisen* die treffliche Gelegenheit zur Bemängelung schwerwiegender Versäumnisse Dritter und zur Bestätigung der eigenen Position. Meist haben die Verursacher und Opfer der *Krise* diese selbst noch nicht als solche erkannt. Auch gibt es kein objektives Kriterium für das Gegebensein einer *Krise*. Um so leichter fällt es, mißliebige gegnerische Gruppierungen oder Institutionen als in einer *Krise* befindlich zu bedauern.

Kritikfähigkeit (f.) Aus dem marxistisch-psychologisierenden Jargon der 68er Jahre übernommener Begriff, heute gern im Zusammenhang mit modernem Management verwandt. Der geforderten *Kritikfähigkeit* steht allerdings die ebenso geforderte Durchsetzungsfähigkeit entgegen, die gewöhnlich im gleichen Atemzug verlangt wird. Sie beweisen Ihre wahren Fähigkeiten gerade dadurch, daß Sie das Dilemma des genannten Widerspruchs mühelos überwinden, indem sie *Kritikfähigkeit* nicht als die Fähigkeit zur Selbstkritik verstehen, sondern als die Fähigkeit, andere zu kritisieren. [siehe auch ⇒kritisch].

Kultur (f.) Ursprünglich im deutschen Sprachraum als ethnisch geprägte Gesamtheit ästhetischer und habitueller Hervorbringungen verstanden, später dann unter dem Begriff der *Hochkultur* auf nationale Gesamtkunstwerke mit einer gewissen Mindestvergangenheit bezogen (Musik bis Brahms; Literatur bis Thomas Mann; Malerei bis zum Blauen Reiter), ist die *Kultur* im Zuge gleichmacherischer Demokratisierungstendenzen (»Kultur für alle«) Objekt allgemeiner Verfügungsgewalt geworden. Die gewollte emanzipatorische Wirkung der Begriffserweiterung hat dabei durchaus nicht zu einer Kultivierung der Allgemeinheit geführt, sondern lediglich zur Verallgemeinerung des Begriffs der *Kultur* selbst. Jede beliebige Tätigkeit, jedes beliebige Anliegen kann sich heute mit dem Gewand der *Kultur* schmücken und damit einen Restbestand der alten Aura für sich nutzen. Fordern Sie daher nicht einfach, daß andere sich gefälligst anstrengen mögen, sondern fordern Sie eine *neue Kultur der Anstrengung*. Merkwürdig klingt es, wenn jemand fordert, die Leute sollten wieder staunen. Aber die Forderung nach einer *neuen Kultur des Staunens* macht nachdenklich, ja initiiert womöglich gleich eine *Kultur der Nachdenklichkeit*. Auch in der Diesseitigkeit alltäglicher Gebrauchsgegenstände läßt sich der Begriff wirkungsvoll verwenden. Sie essen, trinken, wohnen und schlafen nicht mehr irgendwie, sondern Sie praktizieren *Eßkultur, Trinkkultur, Wohnkultur* und *Schlafkultur*. Damit weisen Sie sich als jemand aus, der auch scheinbar banalen Verrichtungen durch ⇒ganzheitliches Verständnis höhere Weihen zu verleihen weiß. Bei Ihnen wird jede Handlung zum ⇒Erlebnis. Selbst der vulgärste Streit gerät unter Ihrer Mitwirkung zur *Streitkultur*. Und selbst die Entlassung von Mitarbeitern weist den Handelnden als

Förderer einer *neuen Kultur der Selbständigkeit* aus. [siehe auch ⇒Leitkultur].

Kuschelklassik (f.) Zeitgerechte, kondensierte Form klassischer und romantischer Musik. Die Erlebnis- und Zielgruppengesellschaft kann sich nicht mit dem mühseligen Erschließen langatmiger Kompositionen aufhalten, sondern bedarf der kundigen Vorauswahl stimmungsintensiver Höhepunkte abendländischer Musikgeschichte. Gleiches gilt auch für den *Kuschelrock*. Natürlich gibt es nicht nur Musik zum *Kuscheln*, sondern auch zum »Träumen«. Und wer einen Schritt weiter gehen will, der findet »Musik für zärtliche Stunden« im Angebot. Da aber gilt: Es muß nicht immer Klassik sein. Übrigens: Klassik (womit hier nicht die Wiener Klassik gemeint ist) ist durchaus nicht immer ernst. Klassik »macht Spaß«, wie man heute auch in der Szene der ehemals »ernsten Musik« weiß. Nur Puristen können etwas dagegen haben. Immerhin wird ernste Musik auf diese Weise viel größeren Zielgruppen erschlossen als zuvor, nämlich all jenen, die gerne kuscheln. (Leider gibt es noch keine Petting-Klassik, wie prüde!)

Lagerdenken (m.) Zwar sind links und rechts in der Politik keine attraktiven Begriffe mehr, denn nur in der Mitte werden bekanntlich Wahlen gewonnen. Doch hat dies die alte Mitte übersehen, woraufhin sie von der Neuen Mitte unter anderem unter dem Hinweis auf veraltetes *Lagerdenken* abgelöst wurde. So ein auf *Lagerdenken* gestützter Lagerwahlkampf paßt eben nicht in eine Zeit, in der man sich in der Mitte drängelt.

Land (n.) Im Zeichen der pragmatischen ⇒Denke haben Begriffe naturräumlicher Anschauung Hochkonjunktur. Nicht nur, daß Deutsch*land* seit der Vereinigung immer häufiger an die Stelle der Sachbezeichnung »Bundesrepublik« tritt, auch andere gewerbliche Räume werden gern mit dem heimelige Assoziationen weckenden Begriff *Land* bezeichnet. So heißen frühere Computershops heute *Computerland*, Spielhöllen nennen sich gern *Playland*, und Einrichtungshäuser tragen den irdenen Namen *Wohnland*. [siehe auch ⇒Reich, ⇒Welt].

Landschaft (f.) Metapher, deren Einführung und Verbreitung auf die Überforderung menschlicher Auffassungsgabe durch wachsende ⇒Komplexität in Politik, Wissenschaft und Technik zurückzuführen ist. Ob *Medienlandschaft, Kulturlandschaft, Parteienlandschaft, Konjunkturlandschaft, Hochschullandschaft* – Erdverbundenheit ist wieder gefragt. Die Anschaulichkeit des Begriffs ist evident. Jeder weiß, wie *Landschaften* beschaffen sind. Ferner verbinden wir Erlebnisse mit ihnen. Sie sind Ausflugs- und Urlaubsziele, bergen Erinnerungen und wecken Sehnsüchte. Wer kann schon beim Thema Konjunktur fachkundig mitreden? Die *Konjunkturlandschaft* dagegen regt Phantasie und Gesprächsbereitschaft an. Damit leistet die *Landschaft* einen unschätzbaren Beitrag zur Demokratisierung der öffentlichen Debatte im ⇒Bereich von Fachthemen. [siehe auch ⇒Struktur].

latecomer (m.) Der »Spätankömmling« ist in der Tourismus- und Fortbildungsbranche als *latecomer* gebräuchlich, wohl um Parallelen zu den »Spätaussiedlern« zu vermeiden, noch wahrscheinlicher aber, weil der deutsche »Spätankömmling« einfach nicht zum aktiven Wortschatz der Texter beider Branchen gehört.

Lebenszusammenhänge (m.pl.) Ersetzt den Begriff »Leben« mit Bezug auf die eigene ⇒Biographie. Nur unbedarfte Mitmenschen leben. Sie hingegen ⇒gestalten bewußt Ihre *Lebenszusammenhänge*, die somit das Ergebnis strategischer Planung sind und nicht einfach ein ⇒Bündel von Zufällen.

Leistung (f.) Bezeichnet sowohl die Handlung des Leistens als auch das Ergebnis dieser Handlung. Im Unterschied zur »Tätigkeit« als Gegenbegriff zur »Untätigkeit« bezog sich die *Leistung* ursprünglich auf Tätigkeiten mit beeindruckendem Ergebnis. Unter dem Einfluß einer ausgreifenden Freizeitgesellschaft und der Aufwertung des Müßiggangs ist der Leistungsbegriff jedoch erweitert und relativiert worden. Das Prädikat *Leistung* wird heute eher großzügig und nachsichtig vergeben. Folgerichtig ist ein anderes Wort an die Stelle der alten *Leistung* gerückt: die *Spitzenleistung*. Maßstab der *Spitzenleistung* ist zuvörderst die Verwertbarkeit einer Tätigkeit. Die *Spitzenleistung* kann daher im Unterschied zu vergangenen Epochen in allen möglichen Sektoren gesellschaftlicher Produktion erbracht werden: in Sport, Erotik, Gartenbau oder Biowissenschaften. Damit wird auch die *Spitzenleistung* zu einem gewissermaßen demokratischen Phänomen, das dem Grunde nach allen offen steht, die imstande sind, eine beliebige Neigung exzessiv und marktrelevant auszuprägen.

Leitkultur, deutsche (f.) Wo pluralistisches Nebeneinander irrt und wirrt, wo bunte ⇒Vielfalt verschiedener Völkerschaften das einigende Band der Volksnation schmerzlich vermissen läßt, wo die Bourgeoisie rastlos um den Erdball jagd, anstatt auf heimischer Scholle den Garten zu bestellen, da fehlt sichtbarlich eins: die *deutsche Leitkultur*. Zwar mangelt es infolge einer zerrissenen Geschichte und sozialer ⇒Mobilität ohnehin an einer einheitlichen deutschen Kultur im Sinne eines Identifikationsangebotes, und auch ist zu fragen, ob dies wirklich ein Mangel sei, aber noch mehr und ⇒insbesondere mangelt es an einer *deutschen Leitkultur*. Wir brauchen sie, so wissen Konservative, dringlich: eine Sprache, eine (Volks-)Gemeinschaft, eine Nation, eine Kultur. Am Anfang des Unterrichts in *deutscher Leitkultur* steht natürlich dieses Büchlein als Brevier für deutsche Leitsprachkultur. Das sollten alle ausländischen Gäste intus haben, und zwar möglichst, bevor sie abgeschoben werden.

Location (f.) »Keine *Location*, nirgends« müßte Christa Wolf ihre 1980 erschienene Erzählung »Kein Ort, nirgends« betiteln, wenn sie heute neu aufgelegt würde. Bis auf das stille Örtchen, das gleichwohl durch Beschallungen aus der Konserve mehr und mehr seiner besinnlichen Bestimmung verlustig geht, bleibt an Orten nicht mehr viel übrig. Orte, die etwas auf sich halten, heißen heute *Locations*. [siehe auch ⇒Ort].

Machbarkeit (f.) In einer Zeit der ⇒Globalisierung besteht unleugbarer Zwang zur Produkthaftigkeit von Ideen. Entscheidend ist daher nicht die Denkbarkeit, sondern die *Machbarkeit* von gedanklichen Produkten. Gewiß ist die Denkbarkeit der *Machbarkeit* vorgängig und insofern unverzichtbar. Gedankliches hat jedoch nach Maßgabe seiner Produktfähigkeit im Wettbewerb Bestand. Daher ist die *Machbarkeit* Maßstab der Denkbarkeit. Was machbar ist, ist dabei zweitrangig oder unerheblich. Entscheidend ist, daß es machbar ist. Entsprechend ist nicht der Denker, sondern der Macher gefragt. Vorsicht! Die ⇒Bedenkenträger haben die *Machbarkeit* als Behinderungsargument entdeckt. Hüten Sie sich daher vor *Machbarkeitsstudien*, die häufig gerade bezwecken, die *Machbarkeit* in Frage zu stellen und auf der Ebene der Denkbarkeit stehen zu bleiben – logisch, da sie ja die *Machbarkeit* nur bedenken können, anstatt sie zu beweisen; das können nur die Macher. [siehe auch ⇒Handlungsunfähigkeit, ⇒Umsetzbarkeit].

Management (n.) Betriebswirtschaftliche Form des Handelns. Im Unterschied zum herkömmlichen Handeln unterliegt das *Management* strategischen und operativen Zielfindungsprozessen. War das *Management* ursprünglich auf die Geschäftswelt beschränkt, so hat sich sein Bedeutungsfeld heute auf eine Vielzahl von Handlungsfeldern ausgedehnt. Heranwachsende werden aufgefordert, das »*Management* ihrer eigenen Biographie« zu betreiben. Probleme werden immer seltener gelöst, ⇒Krisen und Konflikte immer seltener bewältigt; man spricht zeitgemäß von *Problem-, Krisen* und *Konfliktmanagement*. Die Betriebswirtschaftslehre beweist damit ihr Potential, zur Grundlagenwissenschaft auch für Disziplinen wie Psychologie, Politologie und Völkerrecht zu avancieren. – *Management* meint in diesen erweiterten Bedeutungsfeldern übrigens durchaus nicht das Ausblenden von emotionalen und wertorientierten Haltungen, sondern vielmehr deren Einbeziehung in einen rational-technischen Lösungsvorgang, der zur Wiedergewinnung der Handlungsfähigkeit und ⇒Machbarkeit führt. Wichtig bei dieser Form des Managements ist die Fähigkeit zu analytisch-rationaler Ausfaltung. Stellen Sie daher Ihre Managementqualitäten unter Beweis, indem Sie jeden beliebigen Sachverhalt in eine Vielzahl von Prämissen, Faktoren und Folgen aufspalten, deren ⇒Komplexität nur Sie selbst übersehen. – Die Verbreitung und Verwässerung des Begriffs hat neue Präzisierung erforderlich gemacht. Ergebnis sind die *Managementstrategien*, die das Management zusehens verdrängen.

Markenbewußtsein (n.) Das, was das zentrale Nervensystem an Reizen der Außenwelt aufzunehmen und zu verarbeiten bereit ist, führt im günstigen Falle zu jenem Zustand, den man Bewußtsein nennt. Schließen sich viele Bewußtseine zusammen, so entsteht eine neue Qualität des Bewußtseins. In alter Zeit war dies in marxistischer Sicht das *Klassenbewußtsein.* Nachdem es damit infolge materieller Sicherung nicht mehr weit her war, kam in den achtziger Jahren das weniger politisch geprägte *Umweltbewußtsein* in Mode. Erst aber die derzeit verbreitetste Form massenhaften Bewußtseins, das *Markenbewußtsein,* kann im eigentlichen Sinne als »höchste Form der Materie« (Lenin) angesehen werden, da es seine Rückbindung an das materielle Sein nicht länger verleugnet, sondern es gleichsam in sich aufhebt. Auch in gesellschaftlicher Hinsicht ist das

Markenbewußtsein seinen historischen Vorgängern bei weitem vorzuziehen, da es deren sterile Polarisierung überwindet und statt dessen die bunte ⇒Vielfalt zum ⇒Leitbild erhebt.

Marktradikaler (m.) Im Zuge des historischen Niedergangs der linken Ideologien steht deren einst politisch gebundenes Vokabular nun für die Nachfolger des Liberalismus und der katholischen Soziallehre zur Verfügung. Als *Marktradikale* bezeichnen sich denn auch zunehmend nicht etwa solche, die die Freiheitlich-demokratische Grundordnung (FDGO) prinzipiell in Frage stellen – wenn auch in ihren Augen die Gesetze des freien Marktes Vorrang vor den Obliegenheiten beispielsweise der Sozialgesetzgebung haben. Ähnlich wie die ⇒Systemveränderer stehen die *Marktradikalen* in scharfer Opposition zu den ⇒Besitzstandswahrern, nicht aber zum Besitz bzw. zum Eigentum.

Mehltau (m.) Eigentlich Sammelbezeichnung für verschiedene Pflanzenkrankheiten, in deren Verlauf Blätter mit einem mehlartigen Überzug bedeckt werden, so daß sie vertrocknen. Gern als Metapher für gesellschaftliche Krisenerscheinungen wie Reformstau u.ä. verwandt. Der *Mehltau* dient aber nicht nur der Veranschaulichung gesellschaftlicher Zustände. Vor allem verdeutlicht er die Reformbedürftigkeit des Biologieunterrichts, da kaum jemand, der den Begriff im Munde führt, weiß, was er bedeutet.

Meinung (f.) Eigentlich unterste Stufe der Gewißheit, bestehend aus Gefühlen und wertegeleiteten Interpretationen von Informationen. Aufgrund ihres subjektiven Charakters war die *Meinung* früher mit der Verpflichtung zur rationalen Begründung verknüpft. Das Ideal vernünftig hergeleiteter Meinung stand am Ursprung der Forderung nach Meinungsfreiheit. In der Kommunikationsgesellschaft hat sich die *Meinung* von diesen Fesseln befreit. Wie sollte man auch sonst unter dem Druck von Informationsflut und Kommunikationspflicht noch eine *Meinung* vertreten können? Wer heute *Meinungen* vertritt oder *Meinungskundgabe* von andern fordert, bekennt sich selbstbewußt zu einem neuen Verständnis von *Meinung*: Mehr spontane Gefühlsanteile, mehr persönliche Identifikation, verringerte Bereitschaft zum Zweifel. Prononcierte *Meinungen* sind gefragt – *Meinungen* als Ersatzhandlung. *Meinung* ist heute eine nicht weiter befragbare Privatsache, deren Bezweiflung folgerichtig als persönlicher Angriff aufgefaßt wird. In diesem Sinne gilt auch für Sie das Motto einer geistig führenden Kaufzeitung: »Bild dir deine Meinung!«.

Milestone (m.) Unmittelbar als angelsächsisches Pendant zu »Meilenstein« erkennbar, jedoch mit etwas anderer Bedeutung. Während der Meilenstein naiv-überzogen hervorragende Leistungen in Wissenschaft, Technik und Kriegsführung charakterisiert, bezeichnet der *Milestone* in realistischer Bescheidung bestimmte Zeitpunkte innerhalb eines ⇒Zeitkorridors, zu denen bestimmte Leistungen erbracht sein sollen. Für den unwahrscheinlichen Fall, daß Sie wirklich eine elitedeutsche Übersetzung für *Milestone* suchen, sei die »Wegmarke« empfohlen.

Mißverständnis (n.) Früher »Meinungsverschiedenheit«. Im Rahmen einer zeitgemäßen Dialogkultur sind unterschiedliche Auffassungen das Ergebnis eines nicht beendeten Diskussionsprozesses – oder beschränkter Auffassungsfähigkeit des Gesprächspartners.

Mitbewerber (m.) Ehemals Konkurrent. Heute auch »Marktbegleiter«. Im Zeichen der gemeinschaftsbetonenden Kultur des »Mit« kennzeichnet der *Mitbewerber* (wie auch der *Mitfahrer*, der *Mitbewohner*, der *ausländische Mitbürger*) das mit der Wirklichkeit zuweilen scharf kontrastierende Alibi-Ideal eines aufgeklärten Verhältnisses zum Verdrängungswettbewerb. Dadurch gilt, daß alle durch die verbrämende Vorsilbe »mit« stigmatisierten Personengruppen als verkappte Störer des eigenen Interesses empfunden werden. Der *Mitbewerber* stört bei der Auftragsvergabe, der *Mitfahrer* stört durch übertriebene Geschwätzigkeit oder verstockte Schweigsamkeit auf langen Strecken, der *Mitbewohner* hält die Toilette nicht rein, der *ausländische Mitbürger* stört durch Anwesenheit.

Miteinander (n.) Trotz oder gerade wegen aller Anzeichen sinkender Gemeinschaftsbande steht kaum ein deutsches Wort so hoch im Debatten-Kurs wie das *Miteinander*. Die semantische Klimax bildet die Aufforderung zum *gemeinsamen Miteinander* oder auch zu einer *Kultur des gemeinsamen Miteinanders*. Zwar ist die Aufforderung zum *Miteinander* widersinnig, denn das *Miteinander* fußt auf der Grundannahme der Übereinstimmung – und die kann man eben nicht einfordern. Auch klingt das *Miteinander* nach Kirchentag. Aber hat es nicht etwas Liebenswürdiges und Anheimelndes in der kalten Welt der ⇒Globalisierung? [siehe auch ⇒Geschlossenheit].

Mittelpunkt (m.) Jeder möchte gern *Mittelpunkt* sein, zumal in einer Zeit, in der Aufmerksamkeit zum höchsten Gut geworden ist. Sehen Sie gerade deshalb souverän davon ab, die Positionierung Ihrer selbst allzu offensichtlich zu betreiben, und wählen Sie dazu lieber ein Mittel der Umwegkommunikation, indem Sie »den Menschen in den *Mittelpunkt*« Ihres Handelns stellen. Zwar weiß keiner so recht, was das eigentlich bedeuten soll, aber irgendwie klingt es beim ersten Hören sympathisch. Dieser Slogan ist denn auch in fast allen Lebenslagen zu verwenden, zum Beispiel auch dann, wenn Sie als Leser der Zeitschrift »Wild und Hund« hegende und pflegende Verrichtungen befürworten, die ja letztlich auch im Interesse der menschlichen Gattung sind: Stellen Sie also auch als Jäger den Menschen in den *Mittelpunkt* des Waidwerks.

Mobilität (f.) Mehr als das Ziel Ihrer Bewegung zählt die Beweglichkeit selbst, auch wenn sie sich in kreisförmiger Bewegung erschöpft. Im Gegensatz zu Pascal (Pensées), der den Ursprung allen Übels darin sah, daß die Menschen es nicht vierundzwanzig Stunden an einem Ort aushalten, gilt *Mobilität* heute als zentrale Überlebens- und Gestaltungstechnik. Die *Mobilität* erfaßt ganze Gesellschaftsschichten in Form *sozialer Mobilität.* Den einzelnen erfaßt sie in Form des Kraftfahrzeugs. Dabei gelten folgende physikalische Gesetze: Die *Mobilität* aller führt zum ⇒Stau. Die *Mobilität* weniger führt zum *Mobilitätsdefizit*. Dessen Überwindung generiert wiederum den Stau.

Modul (n.) Das *Modul* ist nicht etwa ein ostasiatisches Nagetier, ein tibetanisches Versmaß oder ein kostbarer südafrikanischer Diamant. Dieses unscheinbare Wort, dessen drolliger Klang seinesgleichen nur noch im *Mogul* findet, bezeichnet eine Bau- und Schaltungseinheit in Computern. Über die Verkleinerungsform *modulus* des lateinischen *modus* (=Maß, Maßeinheit) wanderte es ins Englische und ins Deutsche, wo es sich inzwischen zum Modewort für kleine, flexibel einsetzbare Bausteine und zum Synonym für Flexibilität gemausert hat. So ist das *Modul* von der Fortbildungsbranche übernommen worden. Zeitgemäße Anbieter sprechen nicht mehr von Grund-, Aufbau- und Vertiefungskursen, sondern von *zielgruppengerechten und nutzerorientierten Modulen*. Der Modebegriff dringt auch in andere Erwerbszweige ein. Im Finanzwesen wird mit *modularen Systemen* geworben, in der Bauwirtschaft werden Bauelemente als *Module* angeboten. Über weitere Interessenten für den Neuling braucht man nicht lange zu spekulieren. Die Rechtsprechung wird nach Maßgabe von *Modulen der Rechtsrelevanz* bestrafen, und auch die Politik wird nicht hintanstehen wollen: *modulare Steuer- und Rentenreform* sowie *Spar-Module* könnten sich als zumindest semantischer Rettungsanker erweisen. [siehe auch ⇒modularisieren].

Möglichkeiten (f.pl.) Meist im Zusammenhang mit ⇒Grenzen, also in der Form von *Möglichkeiten, aber auch Grenzen* verwandt. Ähnlich wie die Formel

»⇒Chancen, aber auch ⇒Herausforderungen« sind *Möglichkeiten, aber auch Grenzen* als ⇒Koordinaten zu verstehen, die den Handlungsraum des elitedeutschen Mitbürgers abstecken. Begriffslogisch ist zwar die Grenze nicht der Gegenpol zur *Möglichkeit*, aber »Grenze« hat immer noch einen besseren Klang als die eigentlich gemeinte »Beschränkung«. Vor allem aber erweisen sich Beschränkungen und insbesondere Beschränktheit oft als unüberwindlich, während Grenzen heute eigentlich nur noch in Verbindung mit ihrer Negation (⇒grenzüberschreitend) verwendet werden. Echte oder scheinbar bipolare Begriffspaare wie *Möglichkeiten, aber auch Grenzen* weisen den Sprecher als würdigen Vertreter des Elitedeutschen aus, der seine ⇒Visionen im ⇒Rahmen dialektischen Denkens und strategischen Handelns entwirft.

Motor (m.) Gewiß, gewiß, wir leben in einer Epoche zunehmender ökologischer Bewußtheit. Doch kann Umweltbewußtsein ja nun nicht bedeuten, daß man die technischen Errungenschaften wie Schmuddelkinder behandelt. Technikfeindlichkeit wäre nun wirklich das Letzte, was wir zur ⇒Bewältigung des verschärften internationalen Wettbewerbs brauchen. Da ist es beruhigend, daß der *Motor* allen Unkenrufen zum Trotz eine bedeutende Aufwertung im öffentlichen Sprachgebrauch erfährt. Als Metapher für Trieb- oder Antriebskraft fehlt er inzwischen in keiner politischen Ansprache. Ja, der Tag ist nicht weit, da selbst die Grünen von der Ökosteuer als *Motor* einer umweltfreundlichen Politik sprechen.

Muster (n.) 1. Beliebter Name auf Demonstrations-Dokumenten (Rechnungen, Anträgen und dgl.), häufig auch *Mustermann.* Hat »Müller«, »Meier«, »Schulze« und Schmid« abgelöst. Eignet sich zur Lösung namensrechtlicher Konflikte im Falle der Wiederheirat von Partnern mit Doppelnamen sowie bei geklontem Nachwuchs [siehe auch ⇒Anwendung]. 2. In Anlehnung an den Jargon der Psychologie immer wiederkehrende Verhaltens- und Reaktionsformen im Berufsalltag. (»Überprüfen Sie bitte Ihre ineffizienten *Aggressionsmuster.*«).

Mythos (m.) Das durch den Niedergang von Politik und Kirche verursachte geistige und geistliche Vakuum muß zunehmend durch Leistungen der Warenwirtschaft gefüllt werden. Aber auch in die geschäftsmäßige Welt des Handels dringt die Sehnsucht nach Sinn und Geheimnis vor. In vollends rational und effizient gesteuerten Organisationen baut der Geist der Gegenaufklärung seine Nester. »Unsichtbare Steuerungsmechanismen« bestimmen – so BWL-Experten – über Erfolg und Mißerfolg und begründen den *Mythos* von Unternehmen. Da verheißt das ⇒Konzept des *mythenbewußten Managements* ein Beratungspaket, das von erster Hilfe bis zur Letzten Ölung reicht. Berater lassen endgültig die fachlichen Hüllen fallen und gerieren sich als Mythenerzähler, Gurus und Visionäre. Lassen Sie sich ruhig darauf ein. Das sind Sie Ihrer emotionalen Intelligenz einfach schuldig. [siehe auch ⇒Vision].

Nachdenklichkeit (f.) Weicher Begriff mit Prediger-Konnotation, nur in ausgesuchten Fällen kontrapunktisch anzuwenden. Im Kontext von ⇒Aktivitäten und

⇒Innovationen ist die Mahnung zur *Nachdenklichkeit* mit ihrem Potential zur Vereitelung und ⇒Blockierung eine wirkungsvolle Waffe der ⇒Bedenkenträger. Überlassen Sie deshalb diese Waffe nicht den Kontrahenten, sondern nutzen Sie sie mit Augenmaß selbst, vorzugsweise bei eher harmlosen Anlässen – zum Beispiel bei religiösen Festen, Jubiläen, Jahrestagen und Trauerfeiern. Münzen Sie den Begriff dabei sogleich zu einer Forderung um, indem Sie zu einer *neuen Kultur der Nachdenklichkeit* aufrufen. Jeder wird Ihnen zustimmen und dabei seinen Nachbarn meinen.

Nachhaltigkeit (f.) Da die Kurzlebigkeit ständiger ⇒Innovation den Rhythmus der Zeit bestimmt, bildet die gut dosierte Mahnung zur *Nachhaltigkeit* einen glaubwürdigen Gegenpol. Die Entwicklung von Produkten und Konzepten, die lange Haltbarkeit mit umweltschonender Herstellung und Entsorgung verbinden, steht zwar meist im Widerspruch zu den Verwertungsbedingungen. Jedoch lernt der Mensch der zweiten Moderne ohnehin, Widersprüche verbal vorwegnehmend aufzugreifen und dadurch abzufedern. Was daher auch immer Ihr Einsatzgebiet sein mag: Fordern Sie *Nachhaltigkeit* – natürlich vor allem von anderen.

Nachkohlzeit (f.) Bereits in Zeiten des Bundestagswahlkampfs 1998 gebrauchter respektloser Begriff zur Kennzeichnung einer zwar ungewissen, aber unausweichlichen Zukunft ohne Helmut Kohl. Das Pikante an der Formel ist, daß sie im Zusammenhang mit der Werbung für ein Buch eines Spitzenpolitikers der Drei-Punkte-Partei verwandt wurde – immerhin des damaligen Koalitionspartners Kohls. Gemein, daß die *Nachkohlzeit* (willentlich oder unwillentlich?) in Morphologie und Phonetik an die »Nachkriegszeit« gemahnt. Andererseits gerinnt hier Persönliches zu Geschichte – und das hatte sich der pfälzische Historiker im Kanzleramt ja nun schließlich gewünscht.

non-paper (n.) Ein *non-paper* ist durchaus nicht ein Nicht-Papier in dem Sinne, daß sein Inhalt nicht auf einem Stück Papier geschrieben stünde, sondern es ist ein Papier, das nicht den Anspruch erhebt, den Rang einer spruchreifen Verlautbarung einzunehmen, ohne allerdings den Anspruch aufzugeben, ein Papier zu sein, das wenigstens zu Diskussionen Anlaß gibt, wobei sich die Materialität von Papier und Inhalt in Luft auflöst, sobald die durch das *non-paper* ausgelöste Diskussion in die falsche Richtung läuft.

Nulltarif (m.) Begriff für unentgeldliche Dienstleistungen, der in Deutschland nur in der Verneinungsform zu verwenden ist und daher vorzugsweise von den ⇒Bedenkenträgern gebraucht wird. Das meiste von dem, was jene wollen, ist »nun einmal nicht zum *Nulltarif* zu haben«. Das gilt allerdings auch für fast alles, was die Bedenkenträger nicht wollen. Mögliche Synonyme des *Nulltarifs:* Gratisentgelt oder Gratiskosten.

Offenheit (f.) Aus der Tradition der Psycho-Welle übernommene Tugend elitedeutscher Mitbürger. Keine Angst! *Offenheit* verpflichtet Sie in der Praxis nur zum Öffnen Ihres Hör-Organs, nicht aber zum Akzeptieren von Vorschlägen, die den Ihrigen zuwiderlaufen. Schaffen Sie durch die Bereitschaft zur *Offenheit* zunächst ein günstiges Verhandlungsklima, bevor Sie Ihr eigenes ⇒Konzept durchsetzen. Konkurrierend zur etwas betulichen *Offenheit*, mit der das Ideal der Vorurteilslosigkeit gemeint ist, steht allerdings nach wie vor auch die *brutale* oder *schonungslose Offenheit* hoch im Kurs.

Offensive (f.) Heute vorzugsweise aus wirtschaftlicher Defensive resultierende Verzweiflungsstrategie, die insbesondere in der Form der *Qualitätsoffensive* auf mangelnde Produkt- oder Dienstleistungsqualität schließen läßt.

Optik (f.) Wer hätte gedacht, daß ausgerechnet dieses Teilgebiet der im Schulunterricht eher gefürchteten Physik zum Namensspender für ein zentrales Verkaufsargument werden würde? Dabei geht es nur am Rande um die Nutzbarmachung dieser wissenschaftlichen Disziplin für das Handwerk des *Optikers*. In der Hauptsache erstreckt die *Optik* ihren Bedeutungsbereich auf die äußere Erscheinung <u>aller</u> verkäuflichen Gegenstände und ist damit ein Zeichen der Popularisierung naturwissenschaftlichen Denkens. Einrichtungshäuser rühmen die *Optik* von Wohnlandschaften, Autohändler werben mit der *Optik* neuer Automobil-Typen, Obsthändler preisen die *Optik* des frisch importierten Granny Smith. Um den naturwissenschaftlich ungebildeten Kunden nicht zu überfordern, üben sich Verkäufer auch gern im dreifachen Pleonasmus: »Von der *Optik* her gesehen sieht das Modell doch super aus.« ⇒Angesichts der Bedeutungserweiterung der *Optik* steht die Zunft der *Optiker* unter dem Zwang, zur

Abgrenzung von den Designern eine präzisere Berufsbezeichnung anzubieten. Die Brillen-Experten nennen sich daher *Augenoptiker*. [siehe auch ⇒Chemie].

Optimierung (f.) Im Unterschied zur vorwissenschaftlichen »Verbesserung« verfolgt die *Optimierung* nicht einfach das Ziel, Verhältnisse und Produkte zu verbessern, sondern sie mit Hilfe des betriebswirtschaftlichen Rüstzeugs der Basisziele, der strategischen Ziele und der operativen Ziele von einem Zustand A in einen Zustand B zu befördern, wobei B das *Optimum* darstellt (umgangssprachlich derzeit auch als *das Optimalste* bezeichnet).Wird der Zustand B verfehlt, ist das Ergebnis nicht etwa schlecht, sondern *suboptimal*.

Orgien (f.pl.) Es wäre übertrieben zu sagen, daß die deutsche Politik durch das ausschweifende Ausleben des Sexualtriebes gekennzeichnet wäre. Wegen mangelnder Sinnesfreude muß sich hierzulande das unterdrückte Triebleben in anderen Ausformungen Bahn brechen. Wir sind daran gewöhnt. Dem ausländischen Beobachter aber fällt auf, daß unser politisches Triebleben voll ist von *Sparorgien* und *Streichorgien*, von Kürzungs- und Rotstiftexzessen. Bedenklich dabei ist, daß sich die Ausschweifungen offenbar nur im Mangel, nicht aber in der Fülle vollziehen. Einzige Ausnahme: die *Subventionsorgien*, die sich aber letztlich auch nur auf Bedürftige beziehen. Bedenklich ist aber vor allem, daß selbst die von Kargheit gekennzeichneten *Orgien* ausschließlich mit dem Ziel ihrer Unterbindung angeprangert werden. Man gönnt sich hierzulande eben einfach nichts.

Ort (m.) Wie oft wird man nicht genötigt, etwas präzise zu sagen, ohne daß man es will? Bei der Ortsangabe gibt es eine hilfreiche Ausflucht: *vor Ort* lautet die knappe Formel. *Vor Ort* bezeichnet durchaus einen konkreten Ort, nur daß seine Kenntnis dem Sprecher selbst vorbehalten ist. Der Ort, der mit *vor Ort* gemeint ist, bleibt dagegen dem Gesprächspartner unbekannt, ohne daß er darüber klagen kann. [siehe auch ⇒Location, ⇒Feld].

Paket (n.) Die Umstrukturierung der Deutschen Bundespost hat den Deutschen nicht nur die Klassische Philharmonie Telekom Bonn beschert, sondern auch das Postpaket überraschend aufgewertet. Eigentlich erstaunlich, daß in der Ära drahtloser Kommunikation mit dem altbackenen *Paket* Eigenschaften wie Kompaktheit, Dichte und Stringenz verbunden werden. Warum sonst legen Regierung, Opposition und Verbände ständig *Steuerpakete, Sparpakete, Vertragspakete* und *Verhandlungspakete* vor? Man hört auch, daß »Probleme zu einem *Paket* geschnürt werden sollen«. Auch die Metereologie hat das Paket entdeckt, und der Wetterbericht kündigt allzu häufig ein *Feuchtpaket über Deutschland* an.

Panik (f.) Der deutsche Berufsalltag ist entgegen anderslautenden Bekundungen durchaus von Abenteuer und Spannung durchwirkt. So erklärt sich denn auch die Beliebtheit der virilen Beruhigungsformel *keine Panik!*, die die alltäglichen ⇒Katastrophen der interbürokratischen Kommunikation auffängt. [siehe auch ⇒Chaos, ⇒Horrortrip, ⇒spannend].

Partner (m.) Wegen der Versachlichung menschlicher Beziehungen im ⇒Bereich zweckgebundener Aufgaben und Verrichtungen ist der *Partner* zu einem Schlüsselbegriff der aufgeklärten Moderne avanciert. Seine Fähigkeit, geschlechts-, hierarchie- und interessenspezifische Unterschiede auszugrenzen, hat ihn zu einem scheinbar festen Bestandteil des öffentlichen Sprachgebrauchs gemacht. Seinen Kulminationspunkt findet der *Partner* im lockeren »Hallo Partner, dankeschön«, der einzigen bekannten Beschwichtigungsformel im deutschen Autobahnkrieg. *Partner* sein heißt auch, daß ein *Partnertausch* nicht ausgeschlossen ist, was zur Beliebtheit des Begriffs beigetragen haben mag. Das geringe Maß an Verpflichtung bei gleichzeitiger Aufrechterhaltung zumindest gewaltfreier Beziehung hat den *Partner* zur Kennzeichnung einer Vielzahl von Paarverhältnissen befähigt: *Verkehrspartner, Tarifpartner, Geschäftspartner*. Selbst im militärischen Bereich hat die *Sicherheitspartnerschaft* zwischen Ost und West zur Zeit des Kalten Krieges den beruhigenden Eindruck zivilisierter Bedrohungskultur vermittelt. Die lexikalische Verwandtschaft und damit die angedeutete Gleichrangigkeit von *Sexualpartnern* und *Ehepartnern*, die ja einschließende oder auch ausschließende Mengen bezeichnen können, zeigt hingegen, daß die Versachlichung der Beziehungen (beliebt auch in der tautologischen Formel der »zwischenmenschlichen Beziehungen«) – jedenfalls aus Sicht des Klerus – auch ihren Preis hat. Wegen seines ausgedehnten Bedeutungsfeldes ist der *Partner* gegenwärtig auf dem Rückzug zugunsten der scheinbar präziseren ⇒Zielgruppe.

Plastik (f.) Wenn »das Relief von besonderer *Plastik*« ist, fragt es sich, ob nicht eher die *Plastik* ein besonderes Relief hat. Andererseits: Nicht jedes Relief muß aus *Plastik* sein. Außerdem ist leider auch nicht jede Schilderung plastisch. Das wäre aber besser für sie. Denn eine Schilderung von besonderer *Plastik* ist einem monotonen Tratsch immer noch vorzuziehen. Doch halt! Vielleicht ist das Relief schlicht aus *Plastik*, wenn auch aus besonderem? Das wäre schade. Denn es wäre zweifellos besser gewesen, wenn man es aus Eisen geschmiedet hätte, anstatt sich beim Formen die Hände mit heißem und klebrigem *Plastik* zu verunstalten.

Politik (f.) In der üblichen Ablehnung der *Politik* oder der Politiker, die an einst ebenso gängige wie originelle Bemerkungen über Frauen oder Mann mit Hut am Steuer erinnern, spiegelt sich eine gehörige Portion deutschen Selbsthasses wider. Die vom Souverän frei gewählten Repräsentanten, (wahrlich nicht überbezahlt und mit 16-Stunden-Tag, dazu noch zeitlicher Befristung auf vier Jahre) stehen im öffentlichen Ansehen knapp unter den krisensicheren Goldkettchen-Berufen, die übrigens dabei sind, sich in die Funktionseliten der Gesellschaften vorzuarbeiten (siehe ⇒Bordelier). Um so erstaunlicher, daß *Politik* ausgerechnet im Wirtschaftsbereich zur aufwertenden Kennzeichnung von Alltäglichem verwandt wird, zum Beispiel *Personalpolitik, Ressortpolitik, Einkaufspolitik*. Nicht nachahmenswert.

Potential (n.) Management-Begriff, der die Beschwörungsformel »Was nicht ist, kann noch werden« in eine zeitgerechte Form bringt. Die Philosophie der langfristigen Entwicklung der personality bzw. des ⇒Managements der eigenen ⇒Biographie sowie des lebenslangen Lernens wertet das *Potential* höher als die tatsächliche Leistung. Entscheidend für die Entfaltung Ihres *Potentials* ist – und auch das ist tröstlich – weniger das tatsächliche *Potential* Ihres *Potentials* als vielmehr die Qualität der ⇒Rahmenbedingungen, auf die Sie sich daher im Bedarfsfall schuldmindernd berufen können.

Priorität (f.) Eigentlich die Vorrangigkeit, mit der eine Sache behandelt werden soll. Da jedoch in den gesellschaftlichen Funktionsbereichen alles ⇒zunehmend wichtiger wird, verlangt die *Priorität* nach Differenzierung. Anbieter von Terminkalendern (heute auch »datetimer« genannt) haben diese Notwendigkeit erkannt und unterscheiden verschiedene Arten von *Priorität* nach den Unterklassen Wichtigkeit und Dringlichkeit: Wichtiges muß nicht dringlich sein; Dringliches hingegen ist zwangsläufig wichtig, warum sonst muß es dringend erledigt werden? Wem es nicht gefällt, daß Dringliches wichtig, Wichtiges aber nicht dringend sein muß, da ja Dringliches erfahrungsgemäß inhaltlich auch unwichtig sein könnte, dem sei gesagt: Man muß eben *Prioritäten* setzen. Dabei unterscheidet man eben nicht mehr einfach wie früher nur das, was *Priorität* hat, von dem Rest, der keine *Priorität* hat, sondern die *oberste Priorität* von der *zweiten, dritten* usw. *Priorität.* Damit rückt letztlich alles in den Rang der Wichtigkeit auf und erhält doch die Illusion einer schönen Ordnung. [siehe auch ⇒priorisieren].

Problem (n.) »Kein Thema!« lautet ein bezeichnender Ausruf, der gewöhnlich als viriler Kommentar zu eben einem Thema abgegeben wird. Und so ist es. Über Themen wird nicht mehr gesprochen – sondern über *Probleme.* Das *Problem* ist gleichsam die legitimierende und arbeitsbeschaffende Grundformel für das, was früher nur Thema war und als solches einfach besprochen werden konnte. Das *Problem* aber bringt den Sachverhalt gleich in die Perspektive dringlicher Lösungsnotwendigkeit und verschafft ihm damit eine dramatische Relevanz, die er als schlichtes Thema noch längst nicht für sich beanspruchen kann. Vermeiden Sie daher das unverbindlich wirkende Thema – allerhöchstens können sie von Thematisierungen oder ⇒Thematiken sprechen – und beweisen Sie *Problembewußtsein*, indem Sie den cartesianischen Zweifel auf die Gesamtheit der von Ihnen angesprochenen Gegenstände und Verhältnisse ausdehnen. Sehen Sie sich zur Bewältigung eines *Problems* außerstande, so können Sie es auch Ihrem Gegner zuschanzen (»Da haben Sie ein *Problem*« oder auch ökonomisch knapp: »Ihr *Problem*«.) Vorsicht! Auch gegenüber dem *Problem* verbreitet sich allmählich eine lapidare Überdrußformel, nämlich das vage ans Spanische gemahnende »null *problemo*« (korrekt: ningún problema). Weichen Sie in diesem Falle auf ⇒Problematik oder ⇒Problematisierung aus, für welche Ihr Widerpart erst nach zehnjährigem VHS-Kurs eine entsprechende spanische Übersetzung kennen kann.

Problematik (f.) Komplexe Bündelung von mehreren ⇒Problemen unter einem Dach. Wenn Sie vom Problem zur *Problematik* vordringen, wobei übrigens auch ein einziges Problem eine *Problematik* sein kann – man sieht das nicht so eng –, erreichen Sie die höchste Stufe kommunikativer Relevanz. Reicht die *Problematik* allein nicht hin, so bietet sich auch der Plural an: *Problematiken*, gern auch *hochkomplexe Problematiken.*

Problematisierung (f.) Das Umdeuten vonThemen zu ⇒Problemen oder ⇒Problematiken.

problemo (dt.-span.) Wer wie so viele Deutsche seinen Zweitwohnsitz in Spanien hat, möchte im Laufe jahrelangen Kontaktes mit den Iberern denn nun auch jene interkulturelle Sensibilität entwickeln, deren Nachweis den Gebrauch fremdsprachiger Ausdrucksformen unumgänglich macht. Glücklicherweise kommt einem das Spanische dabei entgegen, enden doch bekanntlich alle spanischen Adjektive und Substantive auf -o. Und da die Zahlen im Indogermanischen sowieso alle irgendwie ähnlich sind, kann man sogar direkt aus dem Englischen ins Spanische übersetzen: *null problemo!* Daß das im Spanischen »problema« heißt und noch dazu masculinum ist – das versteh, wer will. Deshalb bleibt's dabei. Ist schließlich *null problemo.*

Rahmen (m.) Schon immer hat menschliche Intelligenz danach getrachtet, die verwirrende Vielfalt dieser Welt geistig und sprachlich zu ordnen. Der *Rahmen* bietet gutes Rüstzeug dafür. Andere mögen sich in den strukturlosen Entgrenzungen der Beliebigkeit verlieren – Sie stellen Ihre ⇒Denke und Ihre ⇒Aktivitäten in einen *Rahmen*, der Übersichtlichkeit und konzeptionellen Zugriff gewährleistet. Kein Gegenstandsbereich entzieht sich

Ihrem Ordnungsstreben. Ob Sport, Liebesbeziehung, Fortbildungslehrgänge oder Vertragsabschlüsse: Stellen Sie alles grundsätzlich mit der Formel *im Rahmen von* dar, und schon entfalten sich die Dinge vor Ihrem geistigen Auge in schönster Ordnung. Zur Klimax sprachlichen Ordnens schwingen Sie sich aber erst dann empor, wenn Sie den *Rahmen* mit einem Begriff ähnlichen Ranges kombinieren: mit dem ⇒Bereich. Denn erst »im *Rahmen* des Geltungs*bereichs* von Manteltarifverträgen« kommen stilistische Sprachbeherrschung und gedankliche Durchdringung komplexer Sachverhalte voll zur Geltung.

Rahmenbedingungen (f.pl.) Nach dem übermäßigen Gebrauch der ⇒Struktur haben findige Sprecher des Elitedeutschen die *Rahmenbedingungen* aufgespürt. Wissen Sie aus Gründen mangelnder Beschäftigung mit einem Thema gerade nicht, welches konkrete ⇒Defizit Sie kritisieren sollten, um sich ins rechte Licht zu setzen, so bietet sich immer ein Hinweis auf *mangelhafte Rahmenbedingungen* an. Auch die Lösung haben Sie rasch zur Hand: Es ist der Hinweis auf eine *unabdingbar notwendige Korrektur der Rahmenbedingungen.* Ihrem Kontrahenten bleibt nichts anderes übrig, als Ihnen zuzustimmen. Denn wenn er widerspricht, verteidigt er implizit alles, was im ⇒Rahmen von Bedingungen, also innerhalb des ⇒Bereichs des Seins schlechthin, geschieht. Wer wird das schon auf sich nehmen? Wird von Ihnen wider Erwarten eine Präzisierung verlangt, so können Sie diese mühelos durch Einfügen eines Adjektivs leisten. Wahlweise sprechen Sie von *politischen, wirtschaftlichen, kulturellen und gesellschaftli-*

chen Rahmenbedingungen. Auch weitergehende Präzisierungen sind problemlos. Bei Bedarf bemängeln Sie *die Rahmenbedingungen des oberbayerischen Breitensports* oder *der westfälischen Möbelindustrie.*

Ratlosigkeit (f.) Zeigen Sie niemals *Ratlosigkeit.* Im Lande der Oberlehrer ist guter Rat billig, die *Ratlosigkeit* aber teuer.

Raum (m.) Wie plazieren Sie am besten Angriff, ⇒Kritik oder ⇒Denkanstöße? Sie wissen: Ihre Zeitgenossen sind im Innersten träge. Da hat es wenig Sinn, sie vor den Kopf zu stoßen. Stellen Sie daher Ihre ⇒unbequemen Ausführungen zunächst unverbindlich *in den Raum*, und überlassen Sie es anderen, sich den Kopf darüber zu zerbrechen, ob sie gemeint sind oder nicht. Aus argumentationstechnischen Gründen sollte die Unbequemlichkeit Ihrer Ausführungen proportional zur Tiefe des *Raumes* stehen, in den Sie sie stellen.

Reibungskonflikte (m.pl.) Nachdem sowohl die Reibungsverluste als auch die Tarifkonflikte wegen ihrer Alltäglichkeit abgegriffen sind, haben nun findige Psycho-Semantiker sogenannte *Reibungskonflikte* ersonnen. Streng genommen sind *Reibungskonflikte* Reibungsverlusten vorgängig. *Reibungskonflikte* sind auch Tarifkonflikten übergeordnet, weil sie den neuen Oberbegriff für alle Arten von Konflikten bilden. Da es offenbar notwendig ist, den Konflikt durch *Reibungskonflikte* präzisierend zu ersetzen, darf man die pazifistische Hoffnung hegen, daß es auch Konflikte ohne Reibungen gibt. Jedenfalls ist die Umkehrung wahr, denn daß es Reibungen ohne Konflikte gibt, weiß jeder, der sich mit Kfz-Technik befaßt, also fast jeder Deutsche männlichen Geschlechts.

Reich (n.) Brandaktuell ist die Marketing-Orientierung am unbefangenen Bekenntnis zur jüngeren deutschen Geschichte, Motto »Ich war dabei«, wie es in neuen Kauflandschaften mit dem Titel *Wohnreich* aufscheint.

Revolution (f.) Da soziale Revolutionen in den westlichen Ländern angesichts des Scheiterns sozialistischer Experimente unwahrscheinlich sind, kann der Begriff *Revolution* heute für harmlosere und positiv besetzte Formen des ⇒Wandels in Anspruch genommen werden. Dies gilt sogar für die *Kulturrevolution*, deren ursprünglich chinesische Darbietungsform überaus blutig war und die derzeit gern zur Bezeichnung innerbetrieblicher Umstrukturierungen und ergonomischer Büroorganisation verwendet wird. Die *Bürorevolution* meint also nicht den Aufstand des Sekretariats. Auch Konservative können sich daher heute zur *Revolution* bekennen. Den Widerspruch zwischen Bewahren und ⇒tiefgreifender Veränderung, ja ⇒radikaler *Revolution*, lösen konservative Erneuerer inzwischen mühelos unter Rückgriff auf folgende zwei Sentenzen, Prädikat besonders wertvoll, auf: Das einzig Stete sei der Wandel; wer das Erreichte sichern wolle, müsse den Wandel wollen. [siehe auch ⇒Systemkritiker].

Sahnehäubchen (n.) Da liegen sie behäbig und mit allerlei Ausdünstungen vollgesogen: die *Sahnehäubchen* auf Speiseeis, Cappuccino und Apfelkuchen – wahrlich kein Inbegriff von Appetitlichkeit, geschweige denn von Luxus. Und dennoch gilt das *Sahnehäubchen* seit einiger Zeit als Synonym für das, was an Barren oder Reck die Kür ist. Das »*Sahnehäubchen* obendrauf« steht für raffinierte Zusatzleistungen und -angebote in der Warenwelt. Metapher mit dem Flair umstrickter Toilettenrollen im Fond eines Opel Astra.

Schauspieler und Tänzerin (m./f.) Die ⇒zunehmende Nivellierung der verwalteten ⇒Welt steigert die Sehnsucht nach Andersartigkeit. Besonderer Aufmerksamkeit erfreut sich deshalb die bunte Schar von fröhlichen Querdenkern und dynamischen Kreativen, die unser Dasein ein ⇒Stück weit lebenswerter machen. Doch wie sind sie nur dahin gekommen, fragt sich der in den Niederungen der normalen Geschäftswelt krauchende Normalbürger nicht ohne eine gehörige Spur von Neid, Mißgunst und Mißtrauen. Die Antwort gibt der Lebenslauf. »Der Vater war *Schauspieler*, die Mutter *Tänzerin.*«, lautet die übrigens verdächtig häufige Erklärung. Das ist gemein und ungerecht. Gemein, weil man schließlich nichts dafür kann, wenn die Eltern nur Steuerberater in Wuppertal-Oberbarmen und Gleichstellungsbeauftragte in Rosenheim waren. Ungerecht, weil die Querdenker und Kreativen schließlich auch nichts dafür können, daß ihre Eltern *Schauspieler und Tänzerin* waren.

Schlüsselposition (f.) Früher galt es als wichtig, Territorien zu besetzen. Heute kommt es darauf an, *Schlüsselpositionen* zu besetzen. *Schlüsselpositionen* sind Arbeitsbereiche, deren Bedeutung sich nach ihrem

Behinderungspotential bemißt. Die wichtigste *Schlüsselposition* ist die ⇒Schnittstelle.

Schnittstelle (f.) Eigentlich Stelle, an der zwei Geräte miteinander verbunden werden. Heute beliebt als Metapher für Managementpositionen, die die Zusammenarbeit unterschiedlicher Arbeitsbereiche gewährleisten sollen. Da Arbeitsteilung in der modernen Werktätigkeit der Normalfall ist, diese aber durch Haltungen wie Eitelkeit, Egoismus und Eigenbrötlerei behindert wird und da zudem das Ideal der ⇒Ganzheitlichkeit eine wirkungsvolle ideologische Rechtfertigung für derlei Haltungen bereitstellt, kommt der *Schnittstelle* immer größere Bedeutung zu. [siehe auch ⇒Synergie].

Schritt (m.) Wer mühsam auf der Stelle tritt, kommt logischerweise nicht voran, macht aber dennoch *Schritte*. Einen *Schritt* weiter kommt derjenige, der ab und an einen *Schritt* nach vorn tut. Das alles ist natürlich dürftig. Dürftig ist aber sowieso das meiste von dem, was andere tun. Daher ist das gnädigste Kompliment, das Sie sich entlocken lassen sollten, daß das Auf-der-Stelle-Treten Ihrer Zeitgenossen ein *Schritt* in die richtige Richtung ist.

Schwelle (f.) Wer an der *Schwelle* steht, hat es nicht mehr weit. Was aber ist, wenn die *Schwelle* zwar nah, aber hoch ist? *Schwellenangst* stellt sich ein. Da ist es beruhigend zu wissen, daß die wichtigste Schwelle der nahen Zukunft die *Schwelle zum nächsten Jahrtausend* ist, die garantiert jeder überwinden wird, der das Jahr 2000 erlebt. Und dennoch eignet sich gerade die Zeit kurz vor Betreten der *Schwelle* trefflich für das Ausstoßen von öffentlichen Drohungen, Nötigungen, Warnungen und Mahnungen. Der von interessierter Seite geschürte Aberglaube an die mythische Bedeutung einer in Wirklichkeit beliebigen Jahreszahl gibt insbesondere den ⇒Katastrophendenkern eine weitere Gelegenheit zur habituellen Drohgebärde im Stil von »wer noch *an der Schwelle zum neuen Jahrtausend* nicht bereit ist..., der wird von der Zukunft abgehängt.« Im Klartext: Die von Schwellenangst gepeinigten Zukunftsunfähigen machen eine unfreiwillige Reise in die Vergangenheit und zählen ab dem Jahr 2000 wieder von 1000 an.

Spannungsfeld (n.) Weder elastische noch elektrische Spannung sind gemeint, wenn in Wortbeiträgen von einem *Spannungsfeld* die Rede ist. Sobald Sie das Wort *Spannungsfeld* hören, müssen Sie vielmehr damit rechnen, daß man Ihnen Dinge, die allerhöchstens miteinander gemein haben, daß sie einander ausschließen, gleichwohl in einem Zusammenhang präsentiert. Indem der Redner Gegensätzliches oder auch Disparates in ein *Spannungsfeld* stellt, unterstreicht er den souveränen Zugriff, dem er die Dinge unterwirft, und seine Fähigkeit, die »ausgetretenen Pfade zu verlassen« und »neue ⇒Wege zu beschreiten«. Dem Redner selbst erleichtert das *Spannungsfeld* die Quadratur des Kreises, wenn er beispielsweise als Diskussionsleiter »den Bogen schlagen« muß von Referat A zu Referat B und beide das Thema verfehlt haben. [siehe auch ⇒Feld, ⇒Rahmen].

Spontanbesuch (m.) Kontrollgang von Beamten des Wohnungsamtes zur Überprüfung ordnungsgemäßer Vermietungsverhältnisse. Es wäre aus Sicht des Vermieters kleinlich, aus der Tatsache, daß sich Beamte hin und wieder zu einem *Spontanbesuch* vorher telephonisch anmelden, auf mangelnde Spontaneität der Behörden zu schließen.

Stammbuch (m.) Zwar ist es unüblich geworden, Gedanken mit dem Füllfederhalter niederzuschreiben. Auch ist die Familie derzeit existenzbedrohenden Anfechtungen ausgesetzt. Trotzdem ist es nach wie vor beliebt, Kontrahenten etwas ins altertümliche *Stammbuch* zu schreiben, natürlich vorzugsweise Mahnungen, Warnungen und Drohungen. Möglicherweise wird das *Stammbuch* in naher Zukunft durch die »Festplatte« ersetzt.

Standort (m.) Was in Zeiten der Seßhaftigkeit die Heimat war, ist in der Epoche der ⇒Globalisierung der *Standort*. Dieser aus dem militärischen in den allgemeinen Sprachgebrauch übernommene Begriff fehlt heute in keinem Diskussionsbeitrag. Er hat zwei entscheidende Vorteile, die seine Popularität im Debattendeutsch begründen. Erstens, Sie können ihn auf fast alles beziehen und ihn dadurch nach Belieben, aber unbemerkt, für Ihre Partikularinteressen verwenden, z.B. *Wirtschaftsstandort Deutschland, Medienstandort Hamburg, Kohlestandort Ruhr, Chemiestandort Leverkusen, Forststandort Unterfranken, Bierstandort Dortmund.* Zweitens, Sie können mit ihm so herrlich fordern, mahnen, warnen, alarmieren, drohen und nötigen. Denn der *Standort* reduziert Länder, Städte und Regionen auf ihre wettbewerblichen Qualitäten. Mit der Konsequenz, daß nicht etwa die jeweilige Branche ihren Nutzen nachweisen muß; vielmehr hat der *Standort* selbst bedingungslos in Vorlage zu treten. Er muß sich ihrer Anwesenheit oder Niederlassung überhaupt erst als würdig erweisen. Der *Standort* kann sich jederzeit an anderer Stelle etablieren. Wenn die am jeweiligen Ort vorgefundenen Bedingungen nicht zufriedenstellend sind, wird die Tätigkeit kurzerhand verlagert, und der ehemalige *Standort* verschwindet im Nichts. Der *Standort* sucht und schafft daher keine emotionale Bindung, sondern unterliegt rein zweckmäßigen, wirtschaftlichen Kriterien: den *Standortfaktoren*. Auch Kulturpolitiker haben den Begriff in jüngster Zeit für sich entdeckt, indem sie die Unverzichtbarkeit ihres kulturellen Angebots in die Beschwörung kleiden, Kultur sei ein *Standortfaktor* für die ansässige Wirtschaft.

Stau (m.) Folge allgemeiner Beweglichkeit. Daher wird der Stau, im Gegensatz zur vorherrschenden Meinung, gerade nicht durch Starrheit verursacht. Vielmehr entsteht die Starrheit des Staus durch übertriebene Bewegung aller zur selben Zeit. Dies ist insbesondere am *Reformstau* nachzuvollziehen, der nicht auf Reformunwilligkeit zurückgeht – die ja keinen *Reformstau*, sondern ein Reformvakuum verursachen würde – , sondern darauf, daß alle alles anders reformieren wollen. Auf soviel Reformwilligkeit ist die zähe Wirklichkeit nicht eingerichtet.

Steinbruch (m.) Eigentlich Anlage aus dem Tagebau, die an Zwangsarbeit denken läßt. Heute beliebt als Sinnbild für ein Quantum an eventuell nutzbaren Konzeptsplittern, die jedoch erst noch in die Form von ⇒Konzepten überführt werden müssen. Legt Ihr Kontrahent ein Ihnen nicht genehmes Konzept vor, so ist es geschickter, dieses als *Steinbruch* zu bezeichnen, anstatt es rundheraus abzulehnen. Denn mit der Bewertung vorgelegter Konzepte als *Steinbruch* überantworten Sie Ihrem Gegner die Mühe, sich erneut an die Arbeit des Steineklopfens zu machen. Lehnen Sie das Konzept aber ab, müssen Sie die Nacharbeit womöglich selbst leisten.

Struktur (f.) Aus der naturwissenschaftlichen Fachsprache in den siebziger Jahren an die Bedürfnisse öffentlicher Debatten angepaßter Modebegriff ohne genaue Bedeutung und mit hohem Zustimmungspotential. Wer von *Strukturen* spricht, erweckt den Eindruck, daß er die verwirrende ⇒Komplexität der Dinge auf einige wenige abstrakte Faktoren, Beziehungen und Verknüpfungsgesetze zu reduzieren versteht. Wer erweckt nicht gern diesen Eindruck? Daher die weite Verbreitung des Begriffs. In Wirklichkeit ist der Wortinhalt von *Struktur* ebenso wenig vorstellbar wie die Komplexität selbst. Derjenige, der von *Strukturen* spricht, ahnt daher bestenfalls, was er meinen könnte. Genauso geht es dem Zuhörer. Und so ahnen beide, daß von etwas eminent Wichtigem die Rede ist, was wiederum das Zustimmungspotential des Begriffs erklärt. Dies beruht aber auch darauf, daß *Strukturen* unpersönlich sind. Durch den Rückgriff auf *Strukturen* kann die persönliche Haftung für Entscheidungen umgangen werden.

Statt Entscheidungen zu rechtfertigen, kann auf die Bemängelung von *Entscheidungsstrukturen* zurückgegriffen werden. Wer persönlich Fehlleistungen zu verantworten hat, macht heute gern *Strukturprobleme* geltend. Folglich wird denn auch weniger die Veränderung menschlichen Verhaltens gefordert als vielmehr der *Strukturwandel.* Und so bleibt alles beim alten. Was natürlich ein *Strukturproblem* ist. [siehe auch ⇒Landschaft, ⇒verkrustet].

Strukturreaktionär (m.) Wenn der Strukturwandel auch als Gesetz der Geschichte gehandelt wird, so mangelt es dennoch nicht an Widerständen; schon allein deshalb nicht, weil es der Dialektik öffentlicher Debatten halber nicht an Feindbildern fehlen darf. Widerstände sind zum einen auf der Sachebene in Form von Besitzständen und ⇒verkrusteten ⇒Strukturen anzutreffen, zum anderen auf der Ebene der Personen in Gestalt von ⇒Bedenkenträgern, ⇒Besitzstandswahrern, ⇒Konsensromantikern – und *Strukturreaktionären.* Letztere sind Zeitgenossen, die sich dem Strukturwandel in sinnloser, gleichwohl schädlicher Kraftentfaltung entgegenstemmen. In der historischen Mechanik, die dem Verständnis des Begriffs *Strukturreaktionär* zugrunde liegt, kann dieser den Wandel allerhöchstens verlangsamen. Diese Behinderung kann aber angesichts des andernorts zu verzeichnenden ⇒rasanten ⇒Wandels dazu führen, daß der hiesige Wandel nicht in der erforderlichen Geschwindigkeit verläuft, was hinwiederum ⇒Standortprobleme nach sich ziehen kann. Pikant ist, daß der *Strukturreaktionär* als Feindbild im konservativen Lager ersonnen wurde, dessen bewahrende Weltsicht einst von den Linken als »reaktionär« gegeißelt wurde. Daß das niemandem auffällt, beweist die auch in diesem Fall gelungene Umwertung der Werte.

Studierende (m./f.) Korrektes Ergebnis feministischer Sprachpolitik. Die scheinbar männlichen Plurale, obgleich kein Kennzeichen geschlechtlicher Zugehörigkeit, gerieten den deutschen Feministinnen vor allem und frühzeitig ins Fadenkreuz. In der Bastion semantischer Gleichstellungsangestrengtheiten, der Universität, wurde zunächst der weibliche Plural mit geschlechterübergreifender Bedeutung unerbittlich durchgesetzt, wobei dann allerdings der unbeabsichtigte Nachteil entstand, daß weibliche von männlichen Studentinnen nicht zu unterscheiden waren. Daran änderten aber leider auch die StudentInnen nichts, so daß linguistisch bewegte Wissenschaftlerinnen auf eine leicht altmodische Form, nämlich das substantivierte Partizip Präsens verfielen, dessen Ergebnis nun die *Studierenden* sind. Seit eine Bielefelder Tango-Initiative »Kurse für Anfangende« anbietet, ist nicht nur dem Linguisten klar, daß die Wiedererweckung des Partizip Präsens im Begriff ist, zu einem flächendeckenden Tatbestand zu werden, was für die Dolmetscher-Institute ⇒Herausforderung, aber auch ⇒Chance bedeutet.

Stück, ein Stück weit (n.) Aus dem beschwichtigenden Sprachgebrauch therapeutischer Übungen stammender Begriff, der das Gutmenschentum des Sprechers anzeigt. Statt die Dinge brutal und eindeutig beim Namen zu nennen, kann es je nach Zielgruppe nützlich sein, ihnen den Charakter des unmittelbaren Daseins zu nehmen und sie ⇒erst einmal tastend und fragend in den ⇒Raum zu stellen. Die Frage »Haben wir es hier vielleicht ein ⇒Stück weit mit einem ⇒Strukturproblem zu tun?« ist eine Alternative zur direkten Anklage »Warum haben Sie wieder einmal das Papier verschlampt?«. Ebenso ist die Aussage »Mit unserer Art des Umgehens fühle ich mich ein Stück weit unwohl« eine freundliche Form, um die Zerrüttung einer Beziehung anzusprechen.

Sympathieträger (m.) Im Unterschied zum ⇒Bedenkenträger trägt der *Sympathieträger* eine leichte Last, noch dazu eine angenehme. Dabei spielen weniger die Durchdachtheit seiner Vorschläge oder seine Sachkenntnis eine Rolle als vielmehr Eigenschaften wie volksnaher Witz, Korpulenz und Timbre. Es ist nachgerade so, daß große Sachkenntnis und durchdachte Vorschläge dem *Sympathieträger* hinderlich wären, weil sie ihn der – im günstigen Falle vorgetäuschten – Harmlosigkeit beraubten. Dadurch allerdings hat der *Sympathieträger* selten das Zeug zu einem Hoffnungsträger. Denn der Hoffnungsträger muß die Souveränität besitzen, auch Unpopuläres zu sagen, ja, dies kann zuweilen geradezu die Voraussetzung für die Positionierung als Hoffnungsträger sein. Nur in außergewöhnlich verzweifelten politischen Lagen, dann also, wenn die Öffentlichkeit alle Hoffnung fahren läßt, kann sich der Rest an Heilserwartung auf den Harmlosen richten – oder auf den Diabolischen.

Synergie (f.) Wenn man es mit der Arbeitsteilung zu toll getrieben hat, kann es betriebs- und volkswirtschaftlich sinnvoll sein, sie wieder rückgängig zu machen. Das ist aber nicht so einfach, wie man denkt. Denn unterdessen sind alle möglichen Formen von Ressortdenken kräftig ins Kraut geschossen. Da braucht es schon eine idealistisch überhöhte Rechtfertigung, um die Pfründe und Synekuren der Arbeitsteilung beiseite zu räumen. Eine solche ist der Begriff der *Synergie*, die den Widerstrebenden einflüstert, daß der Zusammenschluß vormals getrennter Arbeitseinheiten eine Potenzierung der Energieentfaltung mit sich bringt. Daher steht auch die Intensität der Beschwörung von *Synergieeffekten* proportional zu den erwarteten Anlaufverlusten infolge von Kompetenzgerangel.

Systemkritiker, Systemveränderer (m.) Mancher hat sich die Augen gerieben, als der oberste Repräsentant der deutschen Unternehmerschaft im Zusammenhang mit kritischen Äußerungen über den Föderalismus und das Verhältniswahlrecht lobend als *Systemkritiker* bezeichnet wurde. Man erinnert sich: Als *Systemkritiker* oder *Systemveränderer* wurden vor nicht allzu langer Zeit jene bezeichnet, bei denen man umstürzlerische Machenschaften am Werk sah. Insbesondere Lokomotivführer und Postbeamte genossen damals eine nie dagewesene und nicht wiederkehrende öffentliche Aufmerksamkeit. Heute bezieht sich der einst kompromittierend gemeinte *Systemkritiker* nun auf einen wichtigen Repräsentanten selbst. Umwertung der Werte: Der Begriff kennzeichnet nun in positivem Sinne den beherzten und couragierten Kritiker, der endlich das ausspricht, was viele denken, aber nicht zu sagen wagen. Im Unterschied zum *Systemkritiker* alter Zeit meint aber die heutige Verwendung des Begriffs nicht wirklich die ⇒radikale Systemkritik von außen, sondern vielmehr die zupackende Systemkritik von innen. Warum diese historische Anleihe? Neuerdings ist Streitkultur gefragt. Die politische Debatte verlangt nach gröberem Holz. Die provozierende Restmenge des *Systemkritikers* ist aus diesem Stoff. Und gerade das macht ihn heute wieder attraktiv. Vorsicht! Ein solches Spiel mit Begriffen ist nicht ohne Risiko. Hegel: »Ist das Reich der Vorstellung erst revolutioniert, so hält die Wirklichkeit nicht stand.«

Tagesbaustelle (f.) Was der Dame die Nachtcreme, ist der Autobahn die *Tagesbaustelle*: Sie sorgt für die Instandhaltung des zu pflegenden Gutes, behindert aber dessen Inanspruchnahme.

Talk (m.) Kulturskeptiker schreien laut auf, wenn sie auf die moderne Konversationsform des *Talk* ange-sprochen werden. Aber schon in Theophrasts »Charakterskizzen« wird ein ganzes Inventar an unsympathischen und destruktiven Gesprächspartnern aufgelistet: Schmeichler, Schwätzer, Grobiane, Aufschneider und Verleumder sind in den antiken Konvivien ebenso häufig gewesen wie in neuzeitlichen *Talkshows*. Noch schlimmer: In der Antike wurde das freie Gespräch immer weiter zurückgedrängt zugunsten von Würfelspielen und allerlei Vorführungen. Da steht doch der *Talk* dem sokratischen Dialog erheblich näher! Und außerdem: Sprachen denn die Sklaven im sokratischen Dialog etwa mit?

Talsohle (f.) Den Verlautbarungen offizieller Stellen zufolge ist die *Talsohle* bei ihrer Erwähnung üblicherweise bereits durchschritten.

Technologie (f.) Bislang galt, daß die Endung »-logie«, vom griechischen Logos stammend, eine Wissenschaft bezeichnet. So würde es sich ein Kriminologe verbitten, mit einem Kriminellen in einen Topf geworfen zu werden. Ein Sinologe wird darauf bestehen, daß er nicht unbedingt chinesischer Staatsbürger ist. Die »Technik« hat diesen begrifflichen Unterschied verschlafen, mit der Folge, daß man von »technischen Hochschulen« anstatt von »technologischen Hochschulen« spricht. Verhängnisvolles Understatement! Denn die akademische Bescheidenheit haben sich unterdessen Vertreter des Handwerks zunutze gemacht. Bleibt im Winter die Heizung kalt, bieten Handwerksbetriebe ihre Dienste auch unter der Bezeichnung *Heizungstechnologie* an. Ein benachbarter Berufszweig verrichtet sein früher ruchbares Handwerk auch unter dem Begriff *Installationstechnologie*. Verschlüsse von Plastikdosen werden als *technologisch ausgereift* gepriesen. Das läßt für den vielbeschworenen *technologischen Wandel* des Industriestandorts Deutschland Böses ahnen.

Thematik (f.) Unbedarfte Zeitgenossen sprechen über irgend etwas, wenn sie sprechen; bedeutendere sprechen über ein Thema; echte Persönlichkeiten sprechen über eine *Thematik*. Sie machen damit deutlich, daß sie sich nicht etwa im Anekdotischen verlieren und daß sie nicht etwa Opfer einer beschränkten Fachlichkeit sind. Im souveränen Zugriff stellen sie vielmehr alle ihre Betrachtungen in den ⇒Rahmen einer weit ausgreifenden Perspektive, die ihren einzelnen Aussagen unvergleichliche Relevanz verleiht. Wenn Sie gerade keine *Thematik* zur Hand haben, so können Sie mit dem Ausruf »kein Thema!« gleichwohl Ihre ungebrochene Souveränität unterstreichen. »Kein Thema!« bedeutet nicht etwa, daß Ihnen gerade nichts einfällt, sondern – im Gegenteil –, daß das, was der andere von Ihnen wissen will, sich ohnehin von selbst versteht. [siehe auch ⇒Problematik].

Transparenz (f.) Positiv besetzter Begriff mit Applausgarantie. Undurchsichtig und sündhaft ist das Dunkel, lichtscheu das Gesindel, rein aber die *Transparenz,* auch wenn sie noch so Dunkles an den Tag bringt. Apotheose der *Transparenz* ist der leider etwas aus der Mode gekommene »gläserne Bürger«. Wahrscheinlich kam nicht viel Spannendes aus ihm heraus (Merke: Auf dem Grunde der Seele ist nichts).

Umbau (m.) In der Bauherren-Metaphorik hat sich unter den möglichen Varianten Anbau, Aufbau, Abbau schließlich der behutsamere *Umbau* zur Kennzeichnung des Umgangs mit sozialstaatlichen Errungenschaften bzw. Besitzständen als konsensfähig erwiesen. Nicht Abrißunternehmen, sondern Innenarchitekten sind am Werk. Das findet die Zustimmung derer, die den Abbau wollen, aber wissen, daß er nur im Gewande des *Umbaus* durchsetzbar ist, welcher ja immerhin eine vollständige Entkernung erlaubt; und es beruhigt jene, die den Abbau fürchten, beim *Umbau* aber nur an das Versetzen der Wohnzimmerwand denken. Wem die Begriffswelt der Immobilien zu krude ist, dem bietet sich die eher künstlerisch anmutende »Umgestaltung« als Alternative an.

Umbruch (m.) Gemeinplatz mit derzeit naturgesetzlicher Aufladung, der die rasche Veränderung der Lebensbedingungen nicht als Menschenwerk, sondern gleichsam als unbeeinflußbare Größe deutet. Im Zusammenhang mit dem Sturz des DDR-Regimes wurde *Umbruch* zum gängigen Begriff, da ⇒Revolution noch politisch links besetzt war.

Versäumnis (n.) In der deutschen Vorwurfskultur gilt das *Versäumnis* als rhetorisches Mittel mit besonderer Durchschlagskraft. Denn das Schöne am *Versäumnis* ist seine Unabänderlichkeit und seine schuldhafte Verursachung. Das *Versäumnis* ist nicht einfach etwas, das nicht geschehen ist, sondern es ist die schuldhafte Tat, die darin bestand, daß etwas nicht getan wurde, was hätte getan werden müssen. Das *Versäumnis* ist das unabänderlich schuldhafte Nichtstun – das Schlimmste Vergehen hierzulande. Gäbe es das *Versäumnis* nicht, hätte es der Mahner erfinden müssen. Das Gegengift zu *Versäumnis* ist das »Strukturproblem«. [siehe ⇒Struktur].

Vielfalt (f.) Eigentlich beschreibender Begriff, heute jedoch sympathietragender Gemeinplatz. Wenn Sie die Dinge schon nicht unter einen Hut bringen können, so gewinnen Sie ihnen wenigsten die *Vielfalt* ab. Eine besondere Note bekommt die *Vielfalt*, wenn sie als *bunte Vielfalt* daherkommt. Der Dichter spricht, wenn »*Viel-*

falt statt Einfalt« gefordert wird. Wer nach Argumenten sucht, leitet die Notwendigkeit der *Vielfalt* von Darwin ab. (Leider kann so allerdings auch die Notwendigkeit der Selektion, also der Beschränkung, begründet werden.)

Visagismus (m.) Nicht etwa ein krankhaftes medizinisches Symptom noch eine ästhetisch-politische Kampf-Strömung mit Betonung unansehnlicher menschlicher Physiognomie, sondern übergreifende Bezeichnung für schönheitspflegerische Angebote.

Vision (f.) Nach dem Abwirtschaften der Utopie, von der nur mehr die Bedeutung »Hirngespinst« geblieben ist, kann die Zukunftssehnsucht endlich wieder zu ihrem Recht kommen. *Vision* lautet das neue Zauberwort. Zuerst hat die Ökonomie die *Vision* vereinnahmt. »Führen mit *Vision*«, »Mit *Visionen* an die Spitze« lauten die Heilsbotschaften. Jung-Manager haben »persönliche *Visionen*«, Bill Gates wird gar ein »Monopol für *Visionen*« zuerkannt. Offenbar ist die Ökonomie derart in Bedrängnis, daß sachliches Kalkül durch Halluzinationen, übernatürliche Erscheinungen und Parapsychologie ersetzt oder jedenfalls ergänzt werden muß. Beunruhigend! [siehe auch ⇒Mythos].

Wandel (m.) Parteienübergreifender Allgemeinplatz. Standen in früheren Zeiten Befürworter des *Wandels* in eher zweifelhaftem Ruf, weil sie das Erreichte durch Veränderung zu zerstören drohten, so gilt heute gleiches für die Skeptiker, die sich vergeblich »dem *Wandel* entgegenstemmen«. In der Wahrnehmung der Öffentlichkeit ist der *Wandel* nicht etwas, das sie selbst vollzieht, sondern etwas, das von außen auf sie zukommt. Der *Wandel* ist da, ob man will oder nicht. Niemand ist für ihn verantwortlich, jeder ist ihm ausgesetzt. Der elitedeutsche Mitbürger allerdings will einen ⇒Schritt ⇒weitergehen: Er will den *Wandel* ⇒gestalten. Der *Wandel* ist als solcher relevant, aber auch in der ⇒Vielfalt seiner sektoriellen Erscheinungen, wie beispielsweise als *Kulturwandel, Wertewandel.* Vorsicht! Als *Strukturwandel* ist der Wandel ebenso abstrakt wie der *Wandel.* [siehe auch ⇒Bedenkenträger, ⇒Besitzstandswahrer, ⇒Strukturreaktionär, ⇒Umbruch].

Wege (m.pl.) Die Identitätskrise der automobilen Gesellschaft läßt sich unter anderem an der ungebrochenen Beliebtheit ersehen, mit der *Wege beschritten* oder *gegangen werden*, und zwar vorzugsweise *neue.* Ebenso ist die Umpolung des Konservatismus an den *Wegen* abzulesen, da auch kein Konservativer *alte Wege* zu gehen bereit ist. Gleiches zeigt sich am naturbezogeneren Gebrauch des *Pfades,* der in seiner *ausgetretenen* Daseinsform stets *verlassen* wird. Dies zeugt hinwiederum von der Entfremdung des Menschen von der Natur, da jeder echte Wandersmann weiß, daß *ausgetretene Pfade* neu einzuschlagenden vorzuziehen sind, weil immer wieder neue Pfade von der Natur nicht viel übrig lassen.

Welt (f.) Die Rückbesinnung des Marketings auf Ganzheitlichkeit kommt deutlich in jener Metaphorik zum Ausdruck, die Eine-Welt-Denken und marktgerechte werbliche Botschaft vereint. Daraus sind Universen entstanden, die sich uns unter Bezeichnungen wie *Wohnwelt* und *Teppichwelt* erschließen.

Wertigkeit (f.) Im Zuge der Wertediskussion hat sich der »Wert« auf übergeordnete Tugenden verengt und darüber seine übrigen Bedeutungen mehr und mehr abgestreift. In seiner Not greift der Sprecher des Elitedeutschen inzwischen auf das Fachvokabular der Chemie zurück und setzt die *Wertigkeit* im Sinne von »materiellem Wert« bzw. »Wichtigkeit« an die Stelle des Wertes . Außerdem kommt die *Wertigkeit* dem gängigen Bedürfnis nach bedeutungsvoller Redeweise entgegen. Die *Wertigkeit* ist nämlich nicht nur Synonym des »Wertes«, sondern sie schließt gleichsam die Idee des »Wertes an sich« mit ein.

Wertschöpfungskette (f.) Ist das, was früher die Fruchtfolge war.

Zielgruppe (f.) Löst den inflationären Begriff des ⇒Partners ab. Eigentlich setzt die *Zielgruppe* als Oberbegriff die Definition des Ziels und der Gruppe voraus. Diese Präzisierung wird aber gewöhnlich umgangen. Wenn Sie also nicht genau wissen, wer Ihre *Zielgruppe* ist, muß Sie dies nicht am Gebrauch des Begriffs hindern, im Gegenteil.

Zumutungspolitiker (m.) Wenn der politische Horizont verdüstert ist, bleiben dem Politiker drei mögliche Strategien: das Versprechen, die Beschwichtigung und die Zumutung. Dabei neigen naturgemäß die bereits im Regierungsamt befindlichen politischen Kräfte zur Beschwichtigung (denn Versprechen nützen nicht mehr viel, man hatte ja schließlich Gelegenheit zur Einlösung, und Zumutungen sind bei schlechter Lage nicht wirkungsvoll, denn sie wurden ja bereits wahrgemacht), während die Opposition die Wahl zwischen Versprechen und Zumutung hat. Besonders couragierte Kandidaten wählen in dieser Situation die Strategie des *Zumutungspolitikers*, der nichts verspricht, was nicht eine Drohung wäre (»blood, sweat and tears«). Die Identität von Drohung und Versprechen, die *Zumutung* also, hat den Vorteil, daß sie Mut und Glaubwürdigkeit verbürgt und zudem eine von Hoffnungslosigkeit geprägte Bewußtseinslage weiter verschärft, vor deren Hintergrund alles Kommende zwar schrecklich, dafür wenigstens aber klar im Blick zu sein scheint. Für den kommenden Schrecken ist denn auch der *Zumutungspolitiker* gar nicht haftbar zu machen, er hat ihn ja nachgerade angekündigt. Vorsicht! Der *Zumutungspolitiker* kann auch so interpretiert werden, daß er selbst die *Zumutung* ist.

Verben

abfrühstücken Andere Nationen mögen über feinere Tischsitten und über eine raffiniertere Küche verfügen, doch nirgends frühstückt man so ausgiebig und opulent wie im Teutonenlande. Während beispielsweise die Angehörigen mediterraner Völker ihre Morgenmahlzeit stehenden Fußes einnehmen, was ihnen nicht schwer fällt, da sie ohnehin nur aus einer Pfütze starken Kaffees und einer schlabbrigen Süßbackware besteht, hält bei den Deutschen das Frühstück ungebrochen den Rang einer substantiellen Mahlzeit. Müsli, Brötchen, Ei, ja letzthin gar ein an Hedonismus gemahnender Orangensaft (eigenwillig, weil häufig mit Sodbrennen verbunden, zum Kaffee serviert) – drunter tut man's nicht – und ärgert sich gleichwohl nach absolvierter Mahlzeit darüber, daß man wegen der verschlungenen Ballaststoffe alles tun kann, nur nicht mehr im Frühtau zu Berge ziehen. Wie sehr das Frühstücken den Deutschen im doppelten Sinne belastet, ist daran zu erkennen, daß neuerdings das sogenannte *Abfrühstücken* in die Berufswelt Eingang gefunden hat. *Abfrühstücken* bedeutet, eine lange Liste von Pflichtaufgaben erledigt zu haben oder eine maximale Anzahl von Aspekten eines Sachverhalts verwertet zu haben. Der Unterschied zwischen frühstücken und *abfrühstücken* besteht darin, daß beim Frühstück der Verzehr, also der Vorgang, leicht fällt und das Ergebnis entsprechend schwer im Magen liegt, während es beim *Abfrühstücken* umgekehrt ist.

abholen Natürlich kann man seine Freundin vom Bahnhof *abholen*. Wirtschaftlich relevant aber ist es, wenn man seine ⇒Zielgruppe dort *abholt*, wo sie ist. Dies gerät zur ⇒Herausforderung, wenn man selbst gerade woanders ist.

Akzente setzen ist, vor allem im Französischen, durchaus nicht einfach. Wer beherrscht schon nach den wenigen Jahren Schulfranzösisch den accent grave, aiguë oder circonflexe. Da freut es einen um so mehr, wenn man wenigstens im übertragenen Sinne *Akzente setzen* kann. Diese Kunst ist denn auch im Deutschen beliebt und angesehen. Wohl denen, die akzentfrei sprechen und dennoch *Akzente zu setzen* vermögen!

andenken Den mit dem Akt des Denkens verbundenen Anspruch vermag nicht jeder jederzeit einzulösen. Gleichzeitig aber setzt unsere Anspruchskultur jeden unter Druck, der saumselig in den Randbereichen konzentrierten Denkens vor sich hindämmert. Da kommt ein Verb zur rechten Zeit, das die strikten Trennlinien zwischen Denken, Dösen, Träumen und Fühlen ⇒aufbricht. Wer etwas *andenkt*, denkt zwar schon, aber nicht verbindlich. Das Ergebnis seines *Andenkens* muß sich nicht strengem Urteil aussetzen. Ist das Ergebnis dürftig, fällt das Urteil daher gleichwohl milde aus. Ist das Ergebnis hingegen überzeugend, kann der *Andenkende* den Eindruck des Genialischen für sich verbuchen. Außerdem ist das *Andenken* ein Beitrag zur ⇒Kultur des ⇒Dialogs. Denn die Unfertigkeit des *Angedachten* gibt dem Partner den Mut, ebenso Unfertiges zu äußern. Dabei entsteht zuweilen der Eindruck, daß die

⇒Synergie von *Angedachtem* allem Möglichen dient, nur nicht dem Denken.

andiskutieren Ähnlich wie ⇒andenken lebt das *Andiskutieren* von einer Atmosphäre der Improvisation und des Provisorischen. Wer etwas nur *andiskutiert*, führt einen kurzen Schlagabtausch, der es ihm erlaubt, sich über die Tragweite seiner Argumente und die Konsensfähigkeit der Diskutanten einen Eindruck zu verschaffen. Das Günstige am *Andiskutieren* ist die prinzipielle Möglichkeit, die Diskussion jederzeit wieder abzubrechen. Allerdings zeigt die Erfahrung, daß die deutsche Neigung zum beinharten Ausdiskutieren der Leichtigkeit des *Andiskutierens* zuwiderläuft. Somit besteht die Gefahr, daß das *Andiskutieren* die Länge des Ausdiskutierens erreicht, wodurch das Ausdiskutieren noch langwieriger und mühseliger zu werden droht. Dabei resultierte doch die Erfindung des *Andiskutierens* gerade aus den unendlichen Debatten, die im Zuge des Ausdiskutierens geführt wurden. Alternative: ⇒andenken.

ansprechen Unsichere Sprecher des Elitedeutschen brauchen erfahrungsgemäß ⇒Brücken zu Autoritäten, die ihnen in einer Art Autoritätsbeweis Sicherheit verleihen. Beliebt ist daher die Formulierung, man wolle »etwas *ansprechen*, was schon Herr X *angesprochen* hat.« Allerdings fragt es sich, warum der Redner etwas wiederholt, was bereits gesagt wurde. Eigentlich würde man gern Neues hören. Pathologisch ist es, wenn der Redner darauf hinweist, er wolle etwas nicht *ansprechen*, weil Herr X es schon gesagt habe, und es dann doch anspricht.

aufbrechen Das *Aufbrechen* von Gegenständen (im Kriminalistendeutsch pikanterweise auch »Erbrechen« genannt: »Der Kleinkriminelle erbrach einen Automaten.«) ist gewöhnlich entweder eine Nothandlung oder ein Vergehen. In jedem Falle ist es etwas Unangenehmes, ja Unappetitliches, das an Gewaltanwendung und knirschende Geräusche denken läßt. Da mutet es befremdlich an, wenn es gegenwärtig ein Elitesport ist, »⇒verkrustete ⇒Strukturen *aufzubrechen*«. Der Vorgang läßt beispielsweise an den Kalk denken, der von alten Leitungen abgekratzt wird oder an das Abschaben des Rostes von alten Rohren – Handlungen, die kaum jemand ausführen mag, insonderheit jene nicht, die den Ausdruck im Munde führen. Vermutlich ist das *Aufbrechen* verkrusteter Strukturen eine semantische Ersatzhandlung für den, der nicht selbst Hand anlegen kann oder will.

aufsetzen auf In den letzten Jahren sind zwei Neuerungen entwickelt worden, deren Aufeinandertreffen für eine von beiden fatale und kostspielige Folgen hat: zum einen zur Verkehrsberuhigung gedachte künstliche und abrupte Straßenerhöhungen, zum anderen tiefgelegte Pkws, Motto »soo breit, soo tief«. Das häßlich kratzende Geräusch des *Aufsetzens* eines tiefgelegten Opel Calibra oder Ford Probe auf mit Kopfsteinpflaster bewehrten Verkehrsberuhigern ruft denn auch bei den Haltern entsprechender paramilitärischer Fortbewegungsmittel die pure Mordlust hervor. In der Bürokommunikation hingegen hat das *Aufsetzen* durchaus positive Bedeutung, bezeichnet es doch die Verknüpfung vorausgegangener und üblicherweise von anderen geleisteter umfassender Arbeiten mit eigenen Beiträgen zu einem Ganzen, das man dann sich selbst zuschreibt.

aufs Fax legen Die administrative Maximalkommunikation besteht derzeit aus mehreren Vorgängen: Man gibt eine Nachricht telephonisch durch, verfaßt sie als elektronische Post (e-mail), schreibt einen Brief und *legt* diesen *aufs Fax*. Bei manchen Behörden und Einrichtungen drängt sich der Eindruck auf, als sei *aufs Fax legen* eine zeitgemäße Metapher für die dienstliche Siesta.

ausloten Wahrscheinlich Überbleibsel aus der Zeit des Flottenplans, heute nur noch in übertragener Bedeutung und festen Wendungen verwandt, so zum Beispiel *Freiräume, Spielräume, Grenzbereiche ausloten.* Man braucht sich dabei nicht darauf zu beschränken, diese Räume und Bereiche schlicht *auszuloten;* man kann einen Schritt ⇒weitergehen und sie »in ihrer Tiefen- und Breitenwirkung« *ausloten.* Wie weit seemännische Grundkenntnisse allerdings inzwischen daniederliegen, ist daran zu ersehen, daß der normale Deutsche »Untiefen« gewöhnlich für Meerestiefen hält. Da hilft nur eins: Schiffahrt tut not!

brauchen Glücklich, aber hoffnungslos unzeitgemäß derjenige, der heute nichts *braucht.* Das *Brauchen* als Ausdruck des Noch-nicht-Habens oder genauer: des Mißverhältnisses zwischen haben und haben sollen oder wollen ist derart, daß eine verbreitete Form von *brauchen* der (falsche) Konjunktiv *bräuchte* ist. Aber auch im Indikativ ist *brauchen* ungebrochen, dann aber in der Form von »wir *brauchen* endlich...«. Insbesondere in der politischen Rhetorik leitet die genannte Formel solche Passagen ein, die dem Hörer signalisieren: Achtung, jetzt wird der Redner mutig! Mit dem Mut ist es aber in Wirklichkeit nicht weit her, denn die mit »wir« eingeleitete indirekte Handlungsaufforderung richtet sich weniger an den Redner selbst als vielmehr an das Auditorium – das aber seinerseits eher den Redner in der Pflicht sieht. Was aber nichts schadet, da es weiß, daß mit »wir *brauchen* endlich...« sowieso nur der ⇒Nachdenklichkeit anzeigende, also nicht handlungsleitende Rede-Part seinen unvermeidlichen Anfang nimmt. Am besten lehnt man sich zurück, legt das Kinn in das von Daumen und Zeigefinger geformte stützende Dreieck und nickt von Zeit zu Zeit sinnierend. Die Eingeschliffenheit von *wir brauchen* ist daran zu erkennen, daß bei aller Gewöhnung an die formelhafte Beherztheit fast niemandem der Widersinn auffällt, der darin besteht, daß zum Beispiel ein mitregierender Minister mit genannter Phrase eine »neue Politik« fordert, obwohl er doch dafür verantwortlich zeichnet, oder daß er ein »Umdenken« einklagt, zu dem er selbst offensichtlich nicht in der Lage war.

brummen tut nicht nur der Bär im Zoo, *brummen* tun nicht nur Ganoven hinter Schloß und Riegel, *brummen* tut seit neustem insbesondere wieder die Autoindustrie. Wie schön! Da *brummen* gewiß auch bald wieder die Hersteller von Schallschutzwänden.

denken Zunehmend auch transitiv gebräuchlich, z.B. »Europa denken«. Diese aus dem Französischen entlehnte Form (penser l'Europe) erfreut sich in ausgewählten postmodernen Milieus einer gewissen Beliebtheit, läßt sie doch in ihrer Vagheit an den enigmatischen Diskurs der Dekonstruktion denken.

differenzierter sehen Mißfällt Ihnen die Darlegung eines Mitdiskutanten, so geraten Sie selbst leicht in Rechtfertigungsdruck, wenn Sie ihm direkt widersprechen, indem sie seine Ausführung als falsch bezeichnen. Eleganter ist es, wenn Sie die scheinbar höfliche Formel wählen: »Ich würde das *differenzierter sehen.*« Damit lehnen Sie die Aussage des anderen formal nicht grundsätzlich ab (was seinen sofortigen Widerspruch hervorrufen würde), sondern Sie bieten ihm gleichsam eine Hilfestellung an. Diese ist für Ihr Gegenüber unangenehmer als ein direkter Widerspruch. Denn Ihre Formulierung legt nahe, daß die Verstandestätigkeit oder Sprachmächtigkeit des anderen nicht ausreicht, um dem jeweiligen Thema gerecht zu werden. Gleichzeitig geben Sie zu erkennen, daß Sie glücklicherweise in der Lage sind, die Dinge anders als holzschnittartig zu sehen. Besonders perfide ist Ihr implizites, weil konjunktivisch angedeutetes Angebot, dem geistig Gehandikapten mit Ihrer Fähigkeit zur Differenzierung zu Hilfe zu eilen. Der andere befindet sich nun in der ungünstigen Lage der Defensive: Weist er Ihren Beitrag zurück, so steht er als Rauhbein da. Entrüstet er sich, daß er sehr wohl zu differenziertem Denken in der Lage sei, begeht er einen Kardinalfehler: Er nimmt es persönlich. Dabei hatten Sie es doch nur gut gemeint! [siehe auch ⇒Steinbruch.]

eindampfen Das *Eindampfen* durch Vertrocknen ist eine wenig verbreitete Verrichtung und wird vorzugsweise metaphorisch zur Bezeichnung der Kürzung und Straffung von Papieren oder auch der Verringerung von Produktionskapazitäten verwendet. Was der Ausdruck an handgreiflicher Deutlichkeit zuviel hat, hat er an Eleganz zu wenig.

eindenken Erste gedankliche Trockenübung, die dem ⇒Andenken vorausgeht. Ist die Übung beendet, ist man *eingedacht*. Ist man *eingedacht*, sollte das Denken eigentlich so langsam losgehen. Aber bitte nichts überstürzen.

ernst nehmen Spaß muß sein. Auch die Spaßgesellschaft muß sein. Aber Sie müssen die Menschen mit ihren Hoffnungen, Sehnsüchten und Ängsten auch *ernst nehmen*. Schon allein deswegen, weil Sie sie dort ⇒abholen können müssen, wo sie gerade stehen.

erringen Beeindruckende Leistungen fallen einem nicht in den Schoß – sie wollen vielmehr hart erarbeitet, *errungen* werden. Wer glaubt, daß dies nur auf Erfolge zutrifft, der irrt. Schließlich sind auch Mißerfolge oft das Ergebnis zähen Bemühens. Und so ist es denn auch nicht weiter verwunderlich, wenn sich ein führender Politiker nach einer verlorenen Wahl folgendermaßen äußert: »Wir haben eine Niederlage *errungen.*«

fahren In Zeiten der Staugesellschaft gerinnt *fahren* zum Ausdruck tiefer Sehnsucht nach Unerreichbarem. Da man seinen Wagen kaum noch im eigentlichen Sinne *fahren* kann, hat sich die Bedeutung dieses Verbs der Fortbewegung auf Dinge ausgeweitet, die nun unter keinen Umständen *fahren* können. Heutzutage *fährt* man auch ein Seminar, ein Altenheim oder eine Firma. Diese Anzeichen semantischer Resignation sollten bei Verkehrsplanern und Autobauern die Alarmglocken schrillen lassen.

festzurren Wenn lange genug ⇒angedacht und ⇒andiskutiert worden ist und man sich einem ⇒vorläufig endgültigen Ergebnis angenähert hat, gilt es, diesen in harter Arbeit errungenen Zustand nicht aus den Händen gleiten zu lassen, sondern ihn *festzuzurren.*

fit machen Es reicht nicht, die Darwinsche Evolutionstheorie verstanden zu haben. Gerade in Zeiten verschärften Wettbewerbs muß man sie auch ganz persönlich nehmen und sich *fit machen* für die Zukunft. Dies gilt auch für den ⇒Standort Deutschland. Im ⇒freundlichen Fitneßstudio gleich um die Ecke gibt's Crash-Kurse.

fordern *Fordern* ist in gemeinem Verständnis Ausdruck der Defensive, denn der, der die Macht hat, braucht ja nicht zu fordern, sondern kann das, was er will, auch ⇒umsetzen. So einfach ist es aber nicht. Modernes Raffinement besteht nämlich darin, gerade das zu fordern, was man selbst einlösen müßte, um den Zwang zum Handeln anderen aufzuhalsen. Das *Fordern* gehört nachgerade zu den ⇒Essentials unserer Vorwurfskultur. Nicht derjenige, der das Gesetz des Handelns auf seiner Seite hat, darf sich als Begünstigten des Schicksals ansehen, sondern derjenige, welcher in der Lage ist, glaubwürdig zu *fordern.* Denn letztlich ist er es, der den anderen zum Handeln zwingt, was schließlich viel kommoder ist, als selbst handeln zu müssen.

freischaufeln Fern ist das Handwerk im professionellen Alltag des elitedeutschen Büromenschen. Allerhöchstens in der knapp bemessenen Freizeit findet er Gelegenheit zum Werkeln, Bosseln, Zimmern und Schrauben. Wer sich aber den Handwerker im Haus leisten kann, verbringt seine wenigen Mußestunden zukunftsbewußt lieber mit lebenslangem Lernen anstatt mit Heimwerken. Doch wohin mit dem Bedürfnis nach ursprünglicher, körperlicher ⇒Arbeit? Da bleibt nur ein Ausweg: sie in den Büroalltag zu transferieren. Da werden denn nun Aktenberge »abgetragen« und Termine *freigeschaufelt*, was das Zeug hält. Und wem es nicht gelingt, sich *freizuschaufeln*, der bleibt leider mit Arbeit »zugeschüttet«.

gelten Wenn andere etwas tun sollen, was Sie selbst nicht tun wollen, so *gilt* es. *Es gilt* beispielsweise, strategische Standortpolitik zu betreiben. Versäumen Sie nicht, Ihre Gesprächspartner ab und an mit der feierlichen Beschwörungsformel »es *gilt*« zu einer inneren Habachtstellung zu veranlassen.

gestalten Je mehr sich die Dinge auf Grund ihrer ⇒Komplexität und ihrer Eigendynamik unserem Zugriff entziehen, desto stärker ist die Weigerung, dies hinzunehmen. Die Sehnsucht nach Beeinflussung des Geschehens begnügt sich dabei nicht mit der Tat oder dem Tun, sondern verlangt nach Höherem: Die Dinge sollen *gestaltet* werden. Aber nicht nur die Dinge, sondern vorzugsweise ganze Gegenstandsbereiche, ja vor allem Abstraktes wie Gegenwart und Zukunft. Seit insbesondere der Politik die Gegenwart abhanden gekommen ist, weicht sie auf die Selbstverpflichtung zum *Gestalten* der Zukunft aus. In dieser Betrachtung ist die Zukunft ein handlich Ding, bestimmbar und kunstgerecht modellierbar. Politik gebärdet sich hier als eine Art Kunsthandwerk oder Kunst, nicht jedoch des Möglichen, sondern des Unwägbaren.

herunterbrechen Brachiale Metapher für die praktische Verwirklichung von ⇒Strategien und ⇒Konzepten in verschiedenen Gegenstandsbereichen. Beispiel: »Die neue Verkaufsstrategie muß auf die verschiedenen Zielgruppen *heruntergebrochen* werden.« Mißlingt das *Herunterbrechen* der Strategie auf die Zielgruppen, kann man noch versuchen, die Zielgruppen auf die Strategie *herunterzubrechen*. Mißlingt auch dies, sollte der Versuch vielleicht abgebrochen werden.

in die Hand nehmen Wer es heute zu etwas bringen will, muß schon *Geld in die Hand nehmen*. Das setzt natürlich voraus, daß er es bereits besitzt. Aber das allein genügt eben nicht. Er muß auch bereit sein, es abzuheben. Die Sparkassen helfen ihm zunächst dabei, es zu mehren. Zum Beispiel die »von besonderem Wert«-Anlage, kombiniert mit dem »Stark in der Leistung, fair im Preis«-Service und der »Sparen wie Sie wollen«-Idee. Auch beim Abheben sind die Sparkassen behilflich, und zwar mit der »Meine Unterschrift ist Geld wert«-Karte. Hat man einmal *Geld in die Hand genommen* und es leider gleich wieder ausgegeben, so helfen die Sparkassen auch in diesem Falle: mit der »Es geht mir später finanziell gut«-Vorsorge, die es Ihnen, wie gesagt, später erneut ermöglicht, *Geld in die Hand zu nehmen.* Es ist glücklicherweise für alles gesorgt. [siehe auch ⇒Hausnummer].

kannibalisieren bedeutet nicht etwa die Erweiterung des mitteleuropäischen Nahrungsangebots oder die Ersetzung der Beamten in den Arbeitsämtern durch Headhunter, sondern das Zerteilen großer Unternehmen in kleine, leichter zu veräußernde oder zu managende Einheiten oder das Abstoßen von technisch überholten Firmen.

leben Zunehmend transitiv gebräuchlich. Beispiel: »Wahre Eßkultur muß gelebt werden«. Wer unter dem Diktat schrankenlosen Hedonismus zuviele Dinge auf einmal *leben* will, verliert allerdings leicht den ⇒Lebenszusammenhang. Souveränität beweist, wer auch *damit leben kann.* Die Kunst, *mit etwas leben zu können*, ist auf dem gegenüberliegenden Pol von *etwas leben* angesiedelt. Wer *mit etwas leben kann*, zum Beispiel mit der zweitbesten Lösung, läßt durchblicken, daß seine Ansprüche an das Leben eher bescheiden sind. [siehe auch ⇒locker].

leid tun Seit US-amerikanische Billig-Produktionen das bundesdeutsche Fernsehprogramm überschwemmen, leidet die im Deutschen für den Ausdruck aufrichtigen Bedauerns verwandte Formel »es tut mir leid« unter inflationärem Gebrauch. In der Synchronisierung taucht sie nämlich immer dann auf, wenn der Protagonist im amerikanischen Original »I'm sorry« sagt, also fast in jedem Satz. Das Deutsche hat zum Sprechakt des Bedauerns oder sich Entschuldigens eigentlich ein deutlich reservierteres, aber auch ernsthafteres Verhältnis. Daher wirkt der ständig sich entschuldigende deutsch sprechende US-Held hierzulande gewöhnlich wie ein stämmiger Softie im Büßergewand – vielleicht mit ein Grund, warum sich hausgemachte Serien konstanter Beliebtheit erfreuen. Andere Gründe wären auch nur mit Mühe auszumachen.

lernen »Ich habe *gelernt*«, sagt ein Verwaltungsbeamter, »daß hier im Hause so mancher Zweifel an der europäischen Einigung hat.« Hat der Mann dazu einen Abendkurs besucht? In einem Neon-Bistro verkündet ein Jungjurist am Nebentisch, er habe *gelernt*, daß seine Partnerin ihn verlassen habe. Besucht der junge Herr einen »Grundkurs Beziehungen I« bei den in seinen Kreisen eher schlecht beleumundeten Erziehungswissenschaftlern, um die Gesetze des Privatlebens zu erlernen? Ein Blick ins Lexikon Englisch-Deutsch verschafft Aufklärung: »to learn« hat neben »lernen« zwei weitere Bedeutungen, nämlich »hören« und »erkennen«. Nicht jedem wird's mißfallen, wenn der Hörsaal nun zum *Lernsaal* und der Hörfunk zum *Lernfunk* wird.

machen Parallel zur Welt der Macher hat sich die ehemals alternative Szene unter anderem mit einem eigenwillig gebrauchten Verb im elitedeutschen Jargon etabliert. Nicht »was *mache* ich damit« lautet eine verbreitete Fragestellung, sondern »was *macht* das mit mir?« Ob diese Sichtweise nun vom Über-Ich zum Ich führt, ist zweifelhaft.

maximieren »⇒Mehr« ist vergleichsweise wenig, wenn auch das *Maximum* erreicht werden kann. Diese mengentheoretische Erkenntnis erklärt, warum *maximieren* das schlichte »vermehren« verdrängt hat. Der Gebrauch von *maximieren* anstatt »vermehren« unterstreicht ferner, daß sein Nutzer die niedrige Kognitionsstufe des simplen Mehr überwunden hat und vielmehr das Ganze in Form einer endlichen Skala fest im Blick hat. Statt Weniges zu *maximieren*, wird lieber viel *maximiert*, zum Beispiel Gewinne, Leistungen. Eigentlich schade, sogar gemein, denn das Wenige hätte es nötiger.

minimieren Logisch gleichrangiges, aber deutlich seltener als ⇒maximieren gebrauchtes Verb, da es sich gewöhnlich auf den Mangel bezieht, zum Beispiel auf Verluste. Streng logisch müßte man ebenso gut auch Gewinne *minimieren* wie Verluste maximieren können. Dies ist denn auch real möglich, allerdings sprachlich nicht; übrigens ebenso wenig wie es sprachlich vorgesehen ist, eine Strecke als doppelt so kurz wie eine andere zu bezeichnen, wohl aber als halb so lang.

modularisieren Ehedem aus einem Guß bestehende Dinge und Angebote in anpassungsfähige und austauschbare Bausteine überführen. Konsequentes *Modularisieren* führt letztlich zur Auflösung fester ⇒Strukturen, oder umgekehrt: Das Aufbrechen verkrusteter Strukturen führt zu ⇒Modul-Systemen, die sich individuellen Bedürfnissen anpassen. Das *Modularisieren* ist zugleich technischer Reflex und Katalysator des Individualismus. Daher müssen sich langfristig auch die Individuen selbst *modularisieren*, wodurch der Vorwurf des Opportunismus endlich seinen moralisierenden Unterton verlieren wird.

nah bei jemandem sein Wenn Sie es mit einem besonders argumentationsstarken Gegner zu tun haben, ist ein verbaler Frontalangriff riskant. Kontern Sie daher seinen Widerspruch mit dem beschwichtigenden Ausruf: »Aber ich *bin ganz nah bei Ihnen*!« Damit steht Ihr Kontrahent als jemand da, der sich voreilig und irrtümlich in eine Gegenposition zu Ihnen gebracht hat; Sie dagegen reichen ihm staatsmännisch die Hand zur Versöhnung und nutzen den Überraschungseffekt, um Ihre eigenen Argumente als die seinigen ausgeben.

optimieren Wer glaubt, *optimieren* sei ein Synonym für »verbessern«, irrt. Wenn es so wäre, könnte im übrigen das Verschwinden der scheinbaren deutschen Entsprechung nicht recht erklärt werden. In Wirklichkeit aber weist das Deutsche hier eine nicht hinnehmbare, rätselhafte semantische Lücke auf. Da es unserem Nationalcharakter entspricht, daß wir unter allen Umständen in allem und jedem die Besten sein wollen, fragt man sich zu Recht, warum es eigentlich kein deutsches Verb für das Herbeiführen dieses Zustandes gibt. Denn »verbessern« bleibt ja deutlich eine Stufe tiefer stehen, nämlich beim Komparativ »besser«. Da hilft nun der lateinisch angelsächsische Import glücklicherweise aus der Klemme, da er das »Optimum« zur Bildung eines eigenständigen Verbs heranzieht. Dem perfiden Albion sei gedankt, daß es der Triebkraft deutscher Weltbeglückung endlich eine sprachliche Form verleiht. [siehe auch ⇒Optimierung].

packen Zwar gehört der Packer nicht unbedingt zu den Zukunftsberufen, gleichwohl ist die Tätigkeit des *Packens* auch in visionären Kontexten durchaus angesehen. So lautet ein bildungspolitischer Vorschlag, die »Geisteswissenschaften in die Datenverarbeitung zu *packen*«. Man sieht förmlich, wie C4-Professoren mit dem Forschungsschwerpunkt Dante und Petrarca die »divina commedia« und den »canzionere« mit sehniger Hand aus dem Handapparat der Seminarsbibliothek greifen und dann dem Bibliothekswart übergeben, der sie derb in den Rechner *packt.* Ja, auch und vor allem die Geisteswissenschaften müssen zupackend sein, wenn sie sich als zukunftsfähig erweisen wollen. Sonst können sie einpacken.

positionieren Genügte es früher, Waren zu *positionieren*, so ist heute der elitedeutsche Gegenwartsmensch aufgefordert, sich gefälligst selbst, als Mensch und als Person, zu *positionieren.* Dazu gehört die Fähigkeit, sich als Manager der eigenen ⇒Biographie zu qualifizieren.

priorisieren Das Verwandeln von Sachverhalten in Handlungsfelder erfordert deren Kategorisierung nach Dringlichkeit und Wichtigkeit. Diese auf ⇒Machbarkeit ausgerichtete geistige Tätigkeit nennt man *priorisieren.* Mehrere Dinge gleichzeitig zu erledigen mag den mediterranen Völkern liegen. Hier aber gilt: Immer hübsch eins nach dem anderen.

problematisieren Was andere naiv als simplen Sachverhalt ansehen, erkennen und deuten Sie als ⇒Problem. Die Fähigkeit, Sachverhalte in Probleme oder Problematiken umzuwandeln und die eigene Lösungsfähigkeit unter Beweis zu stellen, nennt man *problematisieren.* Am angenehmsten ist es, Sachverhalte zu *problematisieren*, die man nicht selbst zu verantworten hat. Sind Sie selbst Opfer der *Problematisierung* durch andere, so schlagen Sie ⇒zunächst einmal vor, die Dinge differenzierter zu ⇒sehen, bevor Sie ihre Kontrahenten blitzschnell überholen, indem Sie einen Schritt ⇒weiter gehen.

rundlutschen Neudeutsches, nicht aber elitedeutsches Verb zur Kennzeichnung zwanghafter Routine-Handlungen mit der Nebenwirkung, daß die vom *Rundlutschen* betroffenen Gegenstände ihre ⇒Ecken und Kanten verlieren. Entwicklungspsychologisch deutet die Verbreitung des Verbs auf eine massenhafte frühkindliche Fehlentwicklung, die durch den nicht vollzogenen Übergang von der oralen zur genitalen Phase verursacht wurde.

sagen Auch wenn die Mehrheit nichts zu *sagen* hat, so gibt es doch heutzutage keinen, der nicht irgendetwas zu *sagen* hätte. Diese zumindest sprachlich vollzogene Demokratisierung äußert sich in der großen Häufigkeit, mit der diese Errungenschaft bei jeder Gelegenheit durch den Gebrauch von *sagen* unterstrichen, ja beschworen und eingeklagt wird. Ehedem hauptsächlich zur Einleitung der direkten oder indirekten Rede verwandt, gewährleistet *sagen* heute zudem die Monopolisierung monologischer Sprechtätigkeit sowie die Hervorhebung der Bedeutsamkeit des eigenen Redebeitrages. Die Formel »Ich *sag'* mal«, die in pathologischer Wiederholung den öffentlichen Sprachgebrauch schichtunspezifisch durchzieht, bildet damit gleichsam den Kern der Kommunikationsgesellschaft. Zusätzlich enthält die Formel Bedeutungselemente des vor allem zu Zeiten der Studentenbewegung beliebten »sozusagen« (gern auch als ⇒sozagn prononciert), die in ihrer Unverbindlichkeit und Vagheit den Stress des Redners mindern, der entstünde, wenn er dem Zwang zur Klarheit unterläge. Denn mit »ich *sag'* mal« wird der Hörer darauf vorbereitet, daß das Folgende keinen Anspruch auf sorgfältige Formulierung erhebt, sondern daß es eben ganz ⇒locker so dahin *gesagt* ist. »Ich *sag'* mal« ist damit auch Ausdruck scheinbarer Dialogbereitschaft bei Aufrechterhaltung des Monologs. Denn das, was nach »ich *sag'* mal« kommt, verlangt ein Mitmachen des Hörers, ein anstrengendes Nachvollziehen des Gemeinten und nur vage Gesagten. Andernfalls ist nämlich das, was durch »ich *sag'* mal« eingeleitet wird, meist kaum verständlich. Der Hörer wird damit zum ⇒Partner einer unendlichen Geschichte. Achtung! Mitmachen heißt hier nicht etwa unterbrechen, sondern aktives Zuhören.

schaufeln Der Praktiker unter den Kennern zeigt sich daran, daß er theoretische Sachverhalte durch handwerklichen Zugriff zu praktischen umformt. So fremd Ihnen die Tätigkeit des *Schaufelns* auch sein mag: Sie beweisen erst dann, daß Sie die hohe Kunst des Machbaren beherrschen, wenn Sie zum Beispiel »Probleme zu einem Paket schnüren und sie nach Brüssel *schaufeln.*«

sichern Urdeutsches Verb, das die gebräuchlichste Antwort auf die Fährnisse und Unwägbarkeiten der Globalisierung einleitet: »Die Zukunft *sichern*«. Zwar weiß jeder, daß die Zukunft gerade durch ihre Ungewißheit definiert ist und daß man nur bereits Erworbenes *sichern* kann. Nicht jeder aber zieht daraus den Schluß, daß das *Sichern* der Zukunft eine Aporie ist. Nein, im Land der Bausparverträge muß auch das vor uns Liegende in den eisernen Griff der *Sicherung* genommen werden. Auch wieder verständlich, denn wer schon nicht die Vergangenheit bewältigt, will wenigstens die Zukunft *sichern.*

stehen bleiben Zauderern und Zögerern gehört die Zukunft nicht. Werfen Sie daher Ihren Gegnern immer wieder vor, *auf halbem Wege stehen zu bleiben.* Gewiß, Ihre Kontrahenten haben einen ersten ⇒Schritt in die richtige Richtung getan, aber mittendrin verläßt sie der Mut. Und da kommen Sie und gehen unerschrocken den entscheidenden Schritt weiter. [siehe auch ⇒weitergehen].

surfen Eigentlich »auf einem Segelbrett fahren«, heute eher in fester Verbindung mit dem Zauberwort »Internet« gebräuchlich. Wer etwas auf sich hält, spricht wenigstens vom »*Surfen* im Internet«, wenn er es schon nicht selbst tut. »*Surfen* im Internet«, das ist Modernität, Zukunftszugewandtheit, Lockerheit. »*Surfen* im Internet« tun Nachwuchskräfte, die man auch am Sonnenbrand in der Stirngegend erkennt, weil sie sich nach Feierabend die Schirmmütze verkehrt herum aufziehen. Zwar ist »*Surfen* im Internet« eigentlich nichts anderes als das Blättern im Katalog des Otto-Versands, in Werbe-Postwurfsendungen oder allerhöchstens in Meyers Lexikon, aber man hat eben alles auf einmal, und das macht natürlich den entscheidenden Informationsvorsprung aus.

umgehen Wichtig ist nicht, was man tut, sondern wie man damit *umgeht.* Oder auch: Wichtig ist nicht, daß man etwas tut, sondern wie man damit *umgeht,* daß man zum Beispiel nichts tut, wobei das *Umgehen* mit dem Nichtstun bereits in sich selbst ein Tun ist, das weiteres Nichtstun legitimiert, wenn man denn richtig damit *umgeht.* Bevor man zum Beispiel zur Lösung eines ⇒Problems schreitet oder sich dazu aufrafft, ist es entscheidend, wie man damit *umgeht.* Will man es wirklich lösen? Muß es gleich so brachial behandelt werden? Oder soll man es nicht lieber ⇒erst einmal von allen Seiten betrachten, sich ihm behutsam nähern, es sich anverwandeln und dann ein Stück weit ⇒minimieren, anstatt es – zack! – wie einen gordischen Knoten zu zerhauen, wobei das doch wegen der ⇒Komplexität heutiger Probleme sowieso nicht mehr geht? Nein, das falsche *Umgehen* mit Problemen schafft selbst wieder welche, mit denen dann auch wieder *umgegangen* werden muß – eine unendliche *Umgangsschleife,* von der ganze Berufszweige zehren. Stellen Sie daher nur in ausgesuchtesten Fällen Ihre ⇒Nachdenklichkeit unter Beweis, indem Sie anmahnen: »Wir müssen erst einmal überlegen, wie wir damit *umgehen.*« Bei moderater Verwendung gewinnen Sie Zeit und Sympathie, bei häufigem Gebrauch werden Ihnen Ihre Mitmenschen irgendwann ein Schwesternhäubchen schenken.

umsetzen Wohl einer tiefsitzenden Skepsis folgend, mißtraut das Elitedeutsche der Wirklichkeit. So ist das Verb »verwirklichen« wie auch sein lateinisch-angelsächsisches Pendant »realisieren« völlig aus der Mode gekommen. Auch das ursprüngliche »in die Wirklichkeit umsetzen« ist ersetzt worden. Übrig geblieben ist *umsetzen.* Ideen, Konzepte, Konzeptionen werden heute schlicht *umgesetzt.* Ob in die Wirklichkeit oder woanders hin, darüber will man sich offenbar nicht auslassen.

unterbrechen Die Dialogkultur ist ein schwierig Ding. Ihr Funktionieren setzt voraus, daß jeder zu Wort kommt und seinen Satz zu Ende bringen kann. Das bedeutet allerdings auch, daß jeder jeden Unsinn von sich geben darf. Da ist guter Rat teuer. Ein erstaunlicherweise erfolgreiches Mittel, einen geschwätzigen und inkompetenten Gesprächspartner wenigstens vorübergehend zum Schweigen zu bringen, ist der Hinweis darauf, daß man ihn nicht *unterbrechen* wolle, wobei man gerade das damit tut. Der eklatante Widerspruch zwischen Ankündigung und Ausführung bringt gewöhnlich auch den wortreichsten Gegner aus der Fassung. Nutzen Sie den Überraschungsmoment für eine eigene Tirade.

verdrängen Früher »vergessen«. Der psychologischen Aufladung des Alltagslebens haben wir es zu verdanken, daß Handlungen oder Unterlassungen, für die in früheren Zeiten Verantwortung im Sinne von Schuldfähigkeit zu tragen war, nunmehr auf das Konto eines Dritten gehen: des Seelenlebens. Haben Sie einen Termin vergessen oder sich irgendeine andere Schlampigkeit zuschulden kommen lassen, so gerät die eigentlich schuldhafte Unterlassung, für die Sie nur um Verzeihung nachsuchen könnten, durch den Hinweis auf *Verdrängung* in ein ganz anderes Licht (»Das habe ich doch glatt *verdrängt*«). Nicht nur, daß Sie, wie ja schließlich jeder andere auch, den Umtrieben Ihrer psychischen Mechanismen zum Opfer fielen; gerade weil Ihr Ordnungstrieb so stark ist, wurde er durch einen Verdrängungsmechanismus aus dem Bewußtsein ausgeschieden, ohne daß er eine Erinnerung hinterließ. Statt also sich bei Ihrem Partner zu entschuldigen, können Sie von ihm Verständnis erwarten, ja nachgerade verlangen. [siehe auch ⇒Strukturproblem].

verhalten Wem selbst das betuliche ⇒Umgehen mit Dingen und Personen noch zu brachial ist, der kann sich und andere dazu auffordern, sich zu einem beliebigen Sachverhalt zu *verhalten*: »Wir müssen uns dazu *verhalten*!« *Verhalten* ist gut! Denn es läßt Ihnen und anderen alles offen; schließlich ist auch Nichtstun oder zum Beispiel Tee aufgießen *sich verhalten*.

vernetzen Früher »verbinden«. Zwar sollte das Denken aus dem *Vernetzen* von Gedanken und Sinneseindrücken bestehen, jedoch wird dieser einfachen Definition zunehmend mißtraut. »*Vernetztes* Denken« lautet die gesellschaftsfähige Formel, mit der die Fähigkeit bezeichnet wird, mehrschichtig, vielseitig und außerhalb der Ordnung zu denken. Daß zum einen das Denken gerade in seiner *Vernetzung* besteht, daß es zum zweiten selbst im schlichtesten Denkakt ohnehin mehrschichtig und vielseitig ist und daß zum dritten Denken ohne Ordnung nur mit Mühe dem Denken zuzuschreiben ist, tut nichts zur Sache, *vernetzt* muß es schon sein. *Vernetzen* sollten sich auch Menschen untereinander, wahrscheinlich, weil so das *vernetzte* Denken leichter fällt. Und wenn beim Denken wenig herauskommt, bleibt doch immerhin die *Vernetzung* übrig.

versagen tun immer andere.

verschlafen Wo schon morgends um sechs die Straßen verstopft sind, während man in den Nachbarländern noch in Morpheus' Armen liegt, gehört es zu den Todsünden, etwas zu *verschlafen.* Nachgerade traumatisch sind Befürchtungen, Deutschland könne diese und jene Entwicklung *verschlafen.* ⇒Panik ergreift die Landsleute bei der Vorstellung, daß, während sie den Schlaf des Gerechten zu schlafen wähnen, andernorts ⇒Mitbewerber zum Überholen auf der Standspur ansetzen (so wie die Deutschen sich übrigens auch ungern von ihresgleichen überholen lassen). Mit Unruhe wird vermerkt, daß Spanier und Franzosen ihre gerühmte Siesta nicht mehr pflegen. In Wirklichkeit schläft kein Deutscher den Schlaf des Gerechten. Immer wieder aufgeschreckt von Alpträumen über rastlose Koreaner und andere Tiger, gerät des Deutschen Schlaf zu einer somnambulen Habachtstellung.

wachsen Nachdem der Club of Rome vor bald dreißig Jahren die Grenzen des Wachstums verkündet hat, hätte eigentlich das *Wachsen* schlechthin in eine Krise geraten müssen. Doch weit gefehlt. Denn die sprachliche Flexibilität macht es möglich, auch die Verminderung als Wachstum auszuweisen. Nimmt das Interesse an einem Sachverhalt ab, so spricht man eben vom *wachsenden Desinteresse*. Abnehmende gesellschaftliche Integration kommt im Gewande *wachsender Desintegration* daher. Alles hat eben seine zwei Seiten – so wie das *wachsende* Sterben der Wälder die Diskussion über das Tempolimit belebt. [siehe auch ⇒zunehmend, ⇒mehr].

wegbrechen Traumatisch-pathologische Beschreibung dessen, was man hierzulande nicht mehr ⇒sichern kann. Es sind vorzugsweise – je nach Sichtweise – sozialpolitische Errungenschaften oder Besitzstände, die ⇒sozagn infolge natürlicher Erosion *wegbrechen*, wodurch sich Stabilisierungs- oder Sicherungsmaßnahmen erübrigen, denn gegen ein *Wegbrechen* von Gesteinsformationen ist ja schließlich kaum etwas zu machen, und wer sich auf erodiertem Untergrund fortbewegt, darf sich nicht beklagen, wenn er abstürzt. Nein, was *wegbricht* und wer sich an *Wegbrechendes* klammert, verwirkt seine Daseinsberechtigung. Abstand halten!

weitergehen Immer wieder ärgerlich, wenn ein Mitdiskutant originellere Beiträge als Sie selbst liefert. Was tun? Loben Sie zunächst die Relevanz der gemachten Ausführungen, heben sie deren Bedeutung als einen ⇒Steinbruch guter Ideen hervor und kündigen Sie dann an: »Ich möchte noch einen Schritt *weitergehen.*« Sie erweisen sich damit nicht nur als auf der Höhe des zuvor Gesagten befindlich, sondern als jemand, der mühelos zu weiter gesteckten ⇒Horizonten weiterschreitet und damit den ärgerlichen ⇒Beitrag des Vorredners weit hinter sich läßt. Aber nicht nur, daß Ihre kognitiven Fähigkeiten Sie dazu befähigen. Indem Sie bereit sind *weiter zu gehen*, beweisen Sie auch Ihre Unerschrockenheit, die Sie noch dazu selbstlos in den Dienst Ihrer Partner stellen, und zwar auch und vor allem in den Ihres Vorredners. Wahre Größe! [siehe auch ⇒zu Ende denken].

zementieren Zwar müßte jenem zur Herstellung von Beton und Mörtel verwendeten Bindemittel, dem Zement eben, in seiner Eigenschaft als prägendem Grundstoff verkehrstauglicher deutscher Landschaftsgestaltung mehr Gerechtigkeit widerfahren, denn schließlich verdanken wir ihm u.a. die formschönen und für die Ewigkeit haltbaren Zweckbauten der siebziger Jahre, die für unzählige Mitbürger den Traum von der eigenen Naßzelle und Kochnische wahr machten, und auch die blühenden Straßenlandschaften, die vielen ostdeutschen Jugendlichen nach der Wende ein bis dato unbekanntes Sinnangebot in Form von Auto-Rodeos unterbreiten halfen – immerhin nicht gerade unwichtig, wenn man bedenkt, daß ja sonst so vieles gerade für junge Menschen drüben ⇒weggebrochen ist. Aber unter dem Einfluß romantisierender Ökologen mit ihrem zivilisationsfeindlichen Wunschbild naturbelassenen Wildwuchses hat sich die unschuldige Mörtelmasse zum Negativum schlechthin verfestigt. Wer heute noch etwas *zementieren* will, sieht sich denn auch gleich mit dem Geschrei jener konfrontiert, die alles irgendwie provisorisch, flexibel und unverbindlich halten wollen, so als könnte man auf ein solides Fundament verzichten. Da kann es nicht verwundern, daß soviel in den Sand gesetzt wird.

zu Ende denken Wenn andere Ihre sorgfältigen Darlegungen zu übertrumpfen suchen, indem sie effekthascherisch vorgeben, einen ⇒Schritt ⇒weiter zu gehen, ist es wenig wirkungsvoll, sich beleidigt zurückzuziehen. Bezeugen Sie vielmehr Souveränität und Kooperationsbereitschaft, indem Sie vorschlagen, die Ausführungen Ihres Kontrahenten *zu Ende zu denken*. Zum einen machen Sie dadurch subkutan geltend, daß Ihr Widerpart genau dazu nicht imstande ist, zum anderen können Sie bei Bedarf die Gelegenheit des *Zu-Ende-Denkens* dazu nutzen, durch Zuspitzung des zuvor Gesagten dessen Unhaltbarkeit nachzuweisen und damit die Richtigkeit Ihres eigenen Beitrages zu unterstreichen.

alarmierend Signale sind stets *alarmierend.* Rein theoretisch wären auch nicht *alarmierende* Signale denkbar, zum Beispiel Wecker, die anzeigen, ab wann man in tiefen Schlaf fallen darf, oder Bordcomputer, die anzeigen, wo man seinen Siebener mal so richtig ausfahren darf (beispielsweise zwischen Cochem und Koblenz), aber die Deutschen mögen Signale nun einmal lieber als Warn- oder Mahnsignale. Diese könnten ja eigentlich auch unaufgeregt zur Kenntnis genommen werden. Aber nein, hierzulande werden Signale eben nur als *alarmierende* ernst genommen, was nun selbst wieder ein *alarmierendes* Signal für die Signal-Saturierung der Deutschen ist, der nur durch *alarmierende* Signale beizukommen ist. Übrigens kennen auch die Italiener den Alarm, aber nur in der verneinten Form, wie sie in jener beliebten transalpinen Sentenz zum Ausdruck kommt, die da lautet: »Non c'è motivo di allarmarsi«, zu deutsch etwa »cool bleiben«.

anders Wenn die Lebensbedingungen und die Produkte immer ähnlicher werden, ist der kleine Unterschied gefragt. Selbstbewußtsein verrät der Anbieter von Massenflucht in die Einsamkeit, der seinen Laden »das *andere* Reisebüro« nennt. Bescheidener, aber glaubwürdiger gebärdet sich sein Konkurrent, der die Bezeichnung »das *etwas andere* Reisebüro« vorzieht. Innovationsfähigkeit wird der Reisekaufmann beweisen, der dereinst »das ganz normale Reisebüro« eröffnen wird.

buchhaltérisch Wer sich berufsmäßig mit der Kontrolle von Zahlen und Tabellen befaßt, genießt den Überblick, selten aber Sympathie. Im Gegenteil, er wird nachgerade geringgeschätzt, und zwar proportional zur eigenen Unverzichtbarkeit. Da ist es tröstlich, wenn endlich die Mühewaltung ins rechte Licht gerückt wird, und sei's, daß nur Worte Balsam spenden. So wie der ⇒Controller den ungeliebten »Buchhalter« ersetzt, so schwingt sich *buchhaltérisch* durch einen feinen französischen Akzent, das accent aiguë, in die Höhen der ihm zukommenden Bedeutsamkeit: *buchhaltérisch*!

dramatisch Spannungsbögen treten im deutschen Alltagsleben zwar gewöhnlich nur im Zusammenhang mit menschlichen Spannungen auf; gleichwohl wird kaum ein Phänomen als so unbedeutend empfunden, daß es nicht das Zeug hätte, *dramatisch* zu sein, zumal in negativen Zusammenhängen. Von *dramatischen Kurseinbrüchen* bis zur *dramatischen Verschlechterung nachbarschaftlicher Beziehungen*: Das *Dramatische* überwölbt den nur scheinbaren Gleichlauf teutonischen Daseins und gibt den Blick frei auf tieferliegende Schichten der Befindlichkeit in der verwalteten Welt. Hier herrschen in abenteuerlicher Koexistenz Drama, ⇒Chaos, ⇒Katastrophen.

extrem Solange der politischen Mitte noch etwas einzufallen schien, galt *extrem* als Feindbegriff. Mit *extrem* wurde von den etablierten Kräften das bezeichnet, was bei den Außenseitern »radikal« hieß. Inzwischen ist eine bemerkenswerte Rehabilitierung revolutionärer Semantik im Gange [siehe ⇒Revolution, ⇒radikal, ⇒Systemkritiker], die sogar *extrem* hoffähig macht. Da will auch das Handwerk nicht hintan stehen und bietet *extreme Problemlösungen* an.

flächendeckend gehört zu jenen Adjektiven, die das sympathische Perfektionsstreben der Deutschen überdeutlich zum Ausdruck bringen, wie zum Beispiel auch »schlüsselfertig«. Was hierzulande parasexuelle Euphorie hervorruft, wird im Ausland eher als beklemmend empfunden – gewiß eine Folge immer noch nicht vergessener Vergangenheit. Dabei ist doch alles schon so lange her!

freundlich Wo Neid, Mißgunst, Mief und Muff das gesellschaftliche Zusammenleben prägen, bietet die Sublimierung durch das Wort einen willkommenen Ausgleich. Seit einigen Jahren ist dem eher harmlosen Adjektiv *freundlich* eine Konjunktur ohnegleichen beschieden, erinnert es doch an deutsche Wunschträume wie lächelnde Kassiererinnen, hilfsbereite Passanten, geduldige Busschaffner und nachsichtige Hausmeister. Doch ach, die Menschen sind nicht so, und so findet die Sublimierung denn auch auf der Ebene der Dinge statt. *Freundlich* ist eine populäre Biersorte, *freundlich* sind Tankstellen; *umweltfreundlich* treten Produkte dem zerknirschten Kunden entgegen. Wie geht ihm da das Herz auf, wenn eine Bierflasche lächelt, ein Computer »Guten Morgen« sagt oder sich eine Lasche am Joghurtbecher benutzerfreundlich zum Ablösen des Deckels darbietet!

fristig Zeit und Raum sind auch heute noch zentrale Ordnungskoordinaten des Denkens. Dabei läuft allerdings das Korsett gängiger Zeiteinteilung den Anforderungen an Flexibilität zuwider. ⇒Vor diesem Hintergrund hat sich folglich eine abstraktere Stufe zeitlicher Ordnung durchgesetzt, die zwei Vorteile vereint: Sie wiegt Sprecher und Hörer in der Gewißheit, die Frage zeitlicher Ordnung nicht außer Acht gelassen zu haben, gleichzeitig aber ist die gewöhnlich mit zeitlichen Ordnungsbegriffen verbundene Verpflichtung und Einklagbarkeit außer Kraft gesetzt. Was die simple Triade *kurzfristig, mittelfristig* und *langfristig* nämlich in Tagen oder Monaten bedeutet, vermag niemand zu sagen. Die mit *fristig* verbundene Zeitachse verläuft – und dies ist der entscheidende Unterschied zu Tagen und Monaten – eben nicht unabhängig von jeweiligen Sachverhalten und Personen, sondern ist an die subjektive Erwartungswahrscheinlichkeit beider gekoppelt. Damit wird die autoritäre zeitliche Ordnung gleichsam wieder den flexiblen Ordnungsbedürfnissen der Individuen überantwortet – ein echtes ⇒Stück Emanzipation. [siehe auch ⇒Empfindungstemperatur]

fundiert Was der Popularliteratur das »smaragdgrüne Meer« oder der »taufrische Morgen«, was dem Volksmund die »gute Butter« und dem Bildungsbürger das »gute Buch«, das ist der wissenschaftlichen Prosa die *fundierte* Analyse oder Schlußfolgerung. Analysieren Sie, was Sie wollen, schlußfolgern Sie, wie Sie wollen, aber legen Sie ja keine Analysen oder Schlußfolgerungen vor, die nicht von jenem epithetum ornans begleitet wären. Denn wo nicht explizit *fundiert* steht, liest man »unfundiert« mit.

geradlinig Es verlangt schon besondere anatomische Voraussetzungen und akrobatische Fähigkeiten, wenn man zugleich flexibel (altmodisch: elastisch) und *geradlinig* sein soll. Das aber soll man. Denn trotz der neuen Kardinaltugend Flexibilität werden nach wie vor *geradlinige*, ja nachgerade unbeirrbare Menschen für die Führungsaufgaben in unserem Lande gesucht. Darum: frühzeitig mit Bodenturnen beginnen!

grenzüberschreitend Synonym zu »global« oder »international«. Natürlich ist *grenzüberschreitend* nicht zwangsläufig dasselbe wie die beiden vorgenannten Adjektive; so ist im eigentlichen Sinne auch eine deutsch-dänische Städtepartnerschaft bereits *grenzüberschreitend*. Man sieht förmlich vor dem inneren Auge, wie die Honoratioren von Niebüll und Esbjerg in einem ständigen Kommen und Gehen mit weit ausholenden Schritten die Grenze überschreiten. Aber erstens sind nicht nur Personen zum *grenzüberschreitenden* Verkehr geeignet, und zweitens ist *grenzüberschreitend* nicht auf <u>eine</u> Grenze beschränkt. Gemeint ist vielmehr das ständige Schreiten von einer Grenze zur anderen und ⇒darüber hinaus, so daß man sich ein globales Nomadentum von Personen, Waren und Dienstleistungen vorzustellen hat. Erstaunlich, daß das eher altmodisch-behäbige Schreiten nach wie vor en vogue ist, entspricht es doch von den Verben der Fortbewegung (robben, schleichen, kraxeln, rasen, surfen etc.) mit am wenigsten dem Ideal rascher ⇒Mobilität. Gleichwohl gehört *grenzüberschreitend* so unbestreitbar zu den positiven Schlüsselwörtern, die in keiner öffentlichen Stellungnahme fehlen sollten, daß selbst in *grenzüberschreitender Kri-*

minalität zumindest ein Hauch von Modernität und Zukunftsfähigkeit mitschwingt.

holzschnittartig Sind die Ausführungen Ihres Kontrahenten den Ihrigen entgegengesetzt (natürlich »diametral«), so bietet es sich an, diese Ungehörigkeit zu parieren, indem man ihm eine *holzschnittartige Darstellung* vorwirft. Der andere mag sich auf das dialogtechnische Argument zurückziehen, er habe durch eine »überspitzte Darstellung« die Diskussion befördern wollen – es bleibt das Kainszeichen der Unsachlichkeit und Überzogenheit an ihm haften. Gewiß, eigentlich sind Sie selbst es, der persönlich geworden ist, aber ja nur im Interesse der Sache.

intelligent Bislang galt höchstens der Mensch als *intelligent*, oder auch seine denkerische Leistung: Antworten, Fragen und Lösungen konnten *intelligent* sein. Heute steckt Intelligenz in den Dingen selbst: So bieten Versicherungen *intelligente Tarife* an, die Bauindustrie wirbt mit *intelligentem Bauen* oder *intelligenten Immobilien*, Verkehrsplaner verkünden die *intelligente Straße* oder das *intelligente Parkhaus*, Installateure den *intelligenten Wasserstrahl*. Beruhigend, daß die Dinge bei Verstand sind, wenn menschliche Intelligenz Anlaß zu Pessimismus gibt.

kompakt Bündelt die physischen Eigenschaften, die dem Deutschen am liebsten sind: fest, drall, kraftvoll und aus einem Guß. So haben beispielsweise nur solche Automobile eine Chance auf dem deutschen Markt, die *kompakt* sind. Aber auch Sparpakete sollten es an *Kom-*

paktheit nicht fehlen lassen. Auch in der Metereologie ist den Deutschen das *kompakte Feuchtpaket* lieber als ein nicht enden wollender Nieselregen.

konkret Es ist schon erstaunlich, daß uns Deutschen immer noch das aus der Romantik stammende Diktum vom »Volk der Dichter und Denker« anhaftet. Dabei haben wir nun wirklich alles getan, um diese Etikettierung loszuwerden. Und dennoch wird uns im Ausland weiterhin eine Vorliebe für die Abstraktion nachgesagt. Dabei gibt es hierzulande kaum ein Adjektiv, das einen so schlechten Klang hat wie »abstrakt«, das mit praktischer Wertlosigkeit gleichgesetzt wird. Nein, *konkret* müssen Vorschläge, ⇒Fragestellungen, ⇒Konzepte, Angebote schon sein, wenn sie überhaupt ⇒ernst genommen werden sollen. Zwar ist das zeitlich und räumlich bestimmte Einzelne eher eine Seltenheit in Vorschlägen, Fragen, Konzepten und Angeboten. Zudem ist noch längst nicht alles, was nicht abstrakt ist, auch wirklich konkret, so daß also »abstrakt« und *konkret* keinen echten Gegensatz bilden wie »verheiratet« und »unverheiratet«. Das meiste von dem, was man so hört, ist weder abstrakt noch konkret, sondern schlicht zufällig und verworren. Der ⇒Akzeptanz halber empfiehlt es sich, auch dieses als *konkret* zu bezeichnen. Man darf es eben nicht so genau nehmen. Übrigens: Wenn Sie auf Nummer sicher gehen wollen, sprechen Sie vom *konkreten Einzelfall.*

kontraproduktiv ist keine schlichte Verneinung von »produktiv« im Sinne von »unproduktiv«, sondern dessen Gegensatz, also »destruktiv«. Das Gute an *kontra-*

produktiv ist, daß man genau diesen Gedanken nicht zu denken braucht. Auch kommt *kontraproduktiv* vom Positiven her, klingt also etwas ⇒netter. Dem deutschen Wortschatz eröffnen sich somit ungeahnte Möglichkeiten: kontra-gut statt schlecht; kontra-intelligent statt dumm etc.

kritisch Zähes Relikt der Studentenbewegung. Besonders in sozialen und pädagogischen Berufen, zunehmend auch im Manager-Deutsch verbreitet. Bei bestimmten Wörtern darf *kritisch* allerdings auch in der Allgemeinsprache nicht mehr fehlen. Es ist schier unmöglich, etwas in Frage zu stellen. Statt dessen »hinterfragt« man, und zwar *kritisch*. Zwar ist unklar, warum man etwas *unkritisch* hinterfragen sollte, dient doch das Hinterfragen gerade der Kritik bzw. der Zurschaustellung einer *kritischen* oder gar *selbstkritischen* Haltung. *Kritisch* hat demnach keinen Informationsgehalt, sondern dient der rhetorischen Hervorhebung. Aber man sollte nicht kleinlich sein, schließlich zählt die gute Absicht. Eine höhere Stufe der Verwendung von *kritisch* ist zu erkennen, wenn jemand seine »humanen Wertvorstellungen *kritisch* zum Ausdruck bringen will«. Die Akrobatik, über seine Wertvorstellungen zu reden und gleichzeitig die Form des eigenen Redens selbst zu kritisieren, soll Horst Eberhard Richter erst einmal jemand nachmachen. [siehe auch ⇒zeitkritisch].

lebenslang Früher »lebenslänglich«.

locker Das einst Zackige hat sich im hedonistischen deutschen Alltag verflüchtigt. Ganz *locker*, lautet die

Devise. Lockerheit ist nachgerade zu einem Merkmal der deutschen ⇒Leitkultur geworden. So *locker* sind wir, daß deutsche Formlosigkeit im europäischen Ausland ungerechtfertigt als Schlampigkeit mißverstanden wird. Gemein! (Was spricht denn eigentlich dagegen, daß man morgens ungewaschen, unrasiert und mit weit offenem Hemdkragen im Louis XV-Saal eines Nobelhotels zum Frühstück erscheint und erst einmal herzhaft gähnt?) Wer nicht *locker* ist, ist nicht etwa verkrampft, denn das ist der moderne Deutsche nicht mehr. Er ist nur »verspannt« und benötigt schlicht Massagen oder andere Formen der Entspannung, um seine natürliche Lockerheit wieder herzustellen.

meist Eigentlich ein Zeitadverb, ist *meist* kürzlich in ein Adjektiv umgewandelt worden. Mit den Worten »Deutschlands *meiste* Kreditkarte« hoffte die beauftragte Werbeagentur, die Aufmerksamkeit der Öffentlichtkeit zu erregen. Womöglich setzten die Werbeleute darauf, einen Sturm der Entrüstung bei konservativen Puristen zu entfachen und so in die Schlagzeilen zu gelangen. Wahrscheinlich lagen bereits PR-Konzepte in der Schublade, wie man der zu erwartenden Kritik unter Hinweis auf kulturreaktionäre Aufgeregtheiten öffentlichkeitswirksam entgegentreten und damit besonders bei den jungen Zielgruppen einen Sympathiezuwachs erreichen konnte. Doch gemein! Es hat gar keiner gemerkt. (Übrigens ebenso wenig, wie jemand gemerkt hätte, daß der Werbeslogan »noch *sicherer* Sitz« für gewisse Damenartikel streng genommen fatal ist, bedeutet er doch, daß der Sitz noch *sicher* ist, aber bald schon nicht mehr. Aber die richtige Form »noch *sichererer* Sitz« kam den Werbe-Experten wahrscheinlich falsch vor und klingt ja auch nicht gerade prickelnd. (Schwieriger Komparativ!).

mental Wer kann schon das Wort »psychisch« korrekt aussprechen? Schwieriger ist höchstens noch der »Massagesalon«. Man könnte psychisch so handhaben wie die Rheinländer: Da heißt es schlicht »psyschisch«. Und hochdeutsch sprechende Rheinländer sagen fein »psychich«. Aber die Nicht-Rheinländer – und davon gibt es zum Leidwesen der Rheinländer viel zu viele – müssen in ihrer Mehrzahl die phonetische Hürde nehmen. Außerdem kommt man ständig mit »psychisch« und »physisch« durcheinander. Das gilt insbesondere für Berufssportler. Da wird man abgekämpft und schweißtriefend vors Mikro gezerrt, soll spontan seinen Seelenzustand preisgeben und dann auch noch »psychisch« sagen. Und deshalb sollten alle Sportler Boris Becker dafür danken, daß er im Synonymen-Lexikon geblättert, dort das Adjektiv *mental* gefunden und daraus den inzwischen populären Ausdruck *mental gesehen* geformt hat. Seitdem ist das Seelenleben unserer sportlichen Funktionselite kein Buch mit sieben Siegeln mehr, und wir alle dürfen daran Anteil haben. Jedenfalls im *mentalen* ⇒Bereich.

nett Vorbei sind gottlob die Zeiten, da man uns Deutsche der Verbiestertheit zeihen konnte. Überholt sind die Clichés, die das Personal des deutschen Dienstleistungssektors als mürrisch und barsch abqualifizieren. Nein der deutsche Verkäufer als Mensch und als Person ist *nett*. Und nicht nur er. Da ist *die nette Tankstelle von* *nebenan*, in der man rund um die Uhr konkurrenzlos alles einkaufen kann. Da ist *das nette Kaufhaus ganz in Ihrer Nähe*. Und was dazu kommt: Da kann man nicht nur einkaufen, sondern auch »man selbst sein«. Und wenn mal der Schuh drückt, heißt es: »Schau'n Sie doch mal 'rein.« Hilft auch das nicht, so ist *das nette Reisebüro von nebenan* gerne bereit, zur Flucht auf die Insel zu verhelfen, wo man im Gasthaus mit dem einladenden Namen *Zur netten Runde* ebenfalls lauter *netten* Zeitgenossen bei einem Glas ⇒freundlichen Diebels begegnen kann. Und wem all die *Nettigkeit* auf die Nerven geht, dem sei als Kontrastprogramm ein Zelturlaub in Mecklenburg-Vorpommern wärmstens anempfohlen.

optimal siehe ⇒Optimierung.

partiell ist Anlaß zu einer eigenwilligen und logisch originellen Wortschöpfung im ⇒Bereich der Telekommunikation, wo von *partieller Vollverkabelung* die Rede ist.

persönlich Wer glaubt, daß wir in zunehmender Anonymität unser Dasein fristen, der irrt gewaltig. Während nämlich früher die rigide Trennung von Privatleben und Arbeit alles Persönliche auf Haus und Herd beschränkte, hat das moderne Berufsleben die persönlichen Beziehungen mit in sich aufgenommen. So bieten Fortbildungsveranstalter das *ganz persönliche Seminar für Führungskräfte* feil, in einer Großbank wird auch der unbekannte Kunde mit einem aufgeräumten »hallo« begrüßt und mit einem vertrauten »tschüß« verabschiedet. Und Ihr Anlageberater, ein soignierter Herr mit

Halbbrille, blickt Ihnen treuherzig in die Augen und spricht mit sonorer Stimme die Worte: »Mal ganz *persönlich*: Haben Sie schon an Ihr Alter gedacht?« Und während Sie sich mit Fortbildnern, ⇒Bankern und Anlageberatern in ein *persönliches* Gespräch vertiefen, kümmern sich schon wieder andere um Ihr *persönliches* Wohlbefinden: Nämlich »der Frischdienst von funny frisch, der ständig im Einsatz ist, um Knabberfreunden zu garantieren, was sie an Chipsfrisch schätzen – die Knusprigkeit, die einfach zum Anbeißen ist«.

proaktiv Wer heute nicht auch in seiner Freizeit »aktiv« ist, gilt nicht einfach als halber Bohémien, sondern nachgerade als Schädling der Volksgesundheit. Das Schlendern durch Einkaufsstraßen oder der kontemplative Waldspaziergang, langes Schlafen oder gar Braten in der Sonne sind nicht mehr gesellschaftsfähig. Der moderne Deutsche durchpflügt auf grellrotem Bike im Sympatex-Anzug den städtischen Grüngürtel, jagt beim Squash seinen Arbeitskollegen durch neonbeleuchtete Käfige, erklettert wochenends steile Felswände im Freizeitpark oder taucht in haiverseuchten Gewässern nach seltenen Perlen. Doch wenn alle aktiv sind, stellt sich rasch das Bedürfnis nach Steigerung ein. Und da »hyperaktiv« den Klang des Überzogenen hat, ist nun aus dem Englischen *proaktiv* importiert worden. Mit *proaktiv* sind Sie Teil jener Fraktion, deren Denken immer schon einen Schritt weiter ist, differenzieren Sie doch Ihre Aktivitäten nach dem ihnen zugrundeliegenden Auslöser als »reaktiv« oder *proaktiv*. Und im Unterschied zur breiten Masse, die nur in Reaktion auf herrschende Trends aktiv wird, gehören Sie zu denen, die die Trends *proaktiv* setzen.

punktgenau hat das veraltete und im Grad der Genauigkeit nicht mehr hinreichende »genau« abgelöst.

rasant, früher im Sinne von »schnittig« auf Sportwagen bezogen, wird heute in der Bedeutung von »rasend« auf den ⇒Wandel angewandt. Dabei hat sich *rasant* einen Bedeutungsrest von »schnittig« bewahrt, so daß der *rasante Wandel* gleichsam mit der Schnittigkeit eines Sportwagens angerast kommt, was seiner Schnelligkeit etwas von der eigentlich mit ihr verbundenen Bedrohung nimmt: Der *rasante Wandel* ist schnell und schön.

relevant hat das deutsche »wichtig« inzwischen auch in niederen Bildungsgraden verdrängt, weil es wichtig klingt. Beliebt ist auch die für deutsche Zungen unregelmäßig geformte Verneinung »irrelevant«, weil sie gerade wegen ihrer eigentümlichen Form den Kenner verrät. Wenn dem protestierenden Kunden vom Marktverkäufer aus dem Vorgebirge ein »Sie sind doch hier völlisch irrelevant!« entgegengeschleudert wird, verfehlt das gewöhnlich nicht seine Wirkung. *Relevant* ist auch als Kompositum verbreitet. Das Kompositum jüngsten Datums ist *tagungsrelevant*. [siehe auch ⇒wichtig].

richtig Auch in der Dialogkultur ist es ausgesprochen unangenehm, wenn ein Kontrahent plausible Argumente vorbringt, die den Ihrigen widersprechen. Da ein direkter Gegenangriff schwierig ist, empfiehlt sich zunächst die einräumende Formel »Das ist *richtig*«. Mit diesem gnädigen Urteil machen Sie sich zum Schiedsrichter über *richtig* und falsch und stellen Ihre Souveränität wieder her. Während Sie Ihren Kontrahenten loben, bereiten Sie bereits gedanklich den Gegenschlag vor. Denn »Das ist *richtig«* wird stets von einem »aber« gefolgt. [siehe auch ⇒Steinbruch, ⇒differenziert sehen, einen ⇒Schritt weitergehen, ⇒zu Ende denken].

scharf Als Kompositum zunehmend beliebt in der Bedeutung von »zugeschnitten auf«, zum Beispiel *schulscharfe Curricularentwicklung*.

semi-offiziös Viele Sprecher des Elitedeutschen sind in dem Glauben, daß *offiziös* die Steigerung von »offiziell« ist. Nun ist leider die Umkehrung richtig: »offiziell« ist die Steigerung von *offiziös*. Da aber der Irrtum im Lande ist, sucht das Elitedeutsche nach einer Abschwächung des für hochoffiziell gehaltenen *offiziös*. Und so hat er eine gelehrte Zwischenstufe eingezogen: *semi-offiziös*. In Wirklichkeit aber ist *semi-offiziös* noch weniger offiziell als *offiziös*, ja es ist direkt unseriös. Lassen Sie sich nicht dadurch stören, es weiß ja keiner.

spannend Der deutsche Durchschnittsmensch führt ein abenteuerliches Leben. Nicht umsonst werden nirgendwo sonst so viele Versicherungen abgeschlossen. *Unheimlich spannend* findet ein Psychotherapeut den Bericht eines frustrierten Mittdreißigers über die Querelen mit seinem Nachbarn. Ein Magazin des Volkshochschulverbandes wünscht sich Leser als *spannende Minorität* – sozusagen als letzte Hoffnung, da es dem Magazin selbst offenbar an Spannung gebricht. Als *spannende Verkaufsstrategie* bezeichnet ein Marketing-

Mann Überlegungen zur Verkaufsförderung von diversem Gartenbaugerät. *Unwahrscheinlich spannend* findet ein rheinischer Polsterer eine neue Stoffkollektion. Und mit *irrsinnig spannend* apostrophiert die Angestellte eines Reisebüros die »Destinationen« eines Reiseveranstalters von eher biederem Ruf. [siehe auch ⇒Chaos, ⇒Erlebnis, ⇒Katastrophe, ⇒Panik].

strukturell Zwar ist die ⇒Struktur von der ⇒Landschaft verdrängt worden, doch hat sich das entsprechende Adjektiv – landschaftlich – noch nicht durchgesetzt, so daß dem Substantiv »Landschaft« das Adjektiv *strukturell* entspricht. (Womit wieder einmal deutlich wird, daß es nicht zuletzt die Ausnahmen sind, die das Deutsche insbesondere für Ausländer so reizvoll machen). *Strukturell* hat keine eigene Bedeutung, sondern ist Apanage einiger zentraler Begriffe des Elitedeutschen. Zwar haben diese zentralen Begriffe ohne den Zusatz von *strukturell* eine eigene Bedeutung, jedoch keine Relevanz: zum Beispiel *strukturelle Veränderung*. Veränderungen werden nur dann als bedeutsam wahrgenommen, wenn sie *strukturell* sind. Ähnlich ist es mit dem ⇒Wandel, der erst in der präziseren Form des *strukturellen Wandels* seine wahre Tragweite wenn nicht schon erkennen, so doch erahnen läßt.

systematisch Wie konnten die alten Griechen nur ein so deutsches Wort ersinnen?

taggleich ersetzt das umständliche und veraltete »noch am selben Tag« [siehe auch ⇒zeitgleich].

tentativ Eher zum Wissenschaftsjargon gehörig, jedoch hilfreich zur Präzisierung und Hervorhebung wie zum Beispiel in jener Wendung: »Der *tentative* Charakter des Versuchs steht außer Frage.« und damit durchaus modellbildend für die Allgemeinsprache. [vergl. auch »wesentliche ⇒Essentials«].

tiefgreifend muß in diesem Lande alles sein, was ernst genommen werden will, denn das Kratzen an der Oberfläche ist unsere Sache nicht. *Tiefgreifend* ist derzeit vor allem der ⇒Wandel, ohne daß das Bild vom *tiefgreifenden Wandel,* der auch den letzten ⇒Besitzstandswahrer am Schlafittchen packt, Schrecken erregte. Nein, man hat es lieber gründlich.

übergreifend Je stärker unsere Gesellschaft in Parzellen und Fragmente zerfällt, desto vehementer bricht sich die Sehnsucht nach dem großen Ganzen Bahn, so auch an der Frequenz des Wortes *übergreifend* zu erkennen. Geben Sie dieser verständlichen, wenn auch vergeblichen Sehnsucht Raum, indem Sie *ressortübergreifende, länderübergreifende* usw. Vorschläge unterbreiten. Dies ist ungefährlich, da das *Übergreifende* an Ihren Vorschlägen weiterhin Ressorts, Länder etc. als Ausgangspunkt einer Entwicklung nimmt, die aufgrund von Ressort- oder Länderegoismen mit Sicherheit wieder dort ankommt, wo sie begonnen hat: bei den Parzellen und Fragmenten (die übrigens als kleinteilige, überschaubare Formen durchaus auch Sympathie genießen).

umfassend Um die Perfektion deutschen Zugriffs zu vervollständigen, reichen weder das ⇒Tiefgreifende noch auch das ⇒Übergreifende aus: Erst der von der Seite kommende, *umfassende* Klammergriff ist es, der sich die widerstrebende äußere Welt vollständig unterwirft.

unabdingbar Altertümlich-akademisches Adjektiv und Adverb, das in moderner administrativer Prosa *unabdingbar* geworden ist. Obgleich *unabdingbar* eine unhintergehbare Notwendigkeit bezeichnet, traut man dem Wort allein nicht über den Weg (weil sich niemand sicher ist, was »abdingen« bedeutet). Daher kommt es, daß das Einlösen von Pflichten oder das Erledigen metaphorisch verwandter ⇒Hausaufgaben u.ä. als *unabdingbar notwendig* gekennzeichnet werden, was die völlige Aussichtslosigkeit eines Zuwiderhandelns unterstreicht. Das ist das Schöne an *unabdingbar notwendig*: Es ist eine Zwangsmaßnahme im Gewande eines Naturgesetzes.

unbekannt Wer als Politiker in der SPIEGEL-Hitparade der Beliebtheit und Bekanntheit weit unten rangiert, hat Grund zur Sorge. Dabei ist die Bekanntheit wichtiger als die Beliebtheit. Denn nicht jeder, der beliebt ist, ist auch bekannt. Jeder aber, der bekannt ist, hat Voraussetzungen, es auch in der Politik zu etwas zu bringen. Da mutet es dramatisch an, wenn der F.D.P.-Spitzenpolitiker Guido Westerwelle für sein vor der Wahl '98 publiziertes Bekenntnis unter dem Hinweis auf seine Unbekanntheit wirbt: »Unbekannter Westerwelle«, heißt es da. »Frecher, ⇒geradliniger und radikaler als in den Parteibroschüren entwirft er sein Bild der Gesellschaft.« Na, das ist ja allerhand!

unbequem Wer glaubt, Bequemlichkeit sei des Deutschen liebste Apanage, der irrt. Im Zeitalter der Dynamik stehen manche Eigenschaften hoch im Kurs, die einst den Achtundsechzigern zugeschrieben wurden, darunter *unbequem*. Gewiß sind *unbequeme* Zeitgenossen in der eigentlichen Bedeutung des Wortes lästig, aber eben nur für ⇒Besitzstandswahrer und ⇒Bedenkenträger. Was aber sind dann *Unbequeme* in den Augen von ⇒Systemveränderern? »Unbequem ist stets genehm« faßt der Publizist Richard Herzinger die zeitgemäße Einstellung zusammen.

unsentimental Beschönigendes Synonym für »gefühllos«, denn *unsentimental* ist im gegenwärtigen Sprachgebrauch jemand, der weder Gefühle zeigt noch hat. Wer *unsentimental* ist, hat das Zeug zu einem knallharten ⇒Macher.

unverbraucht ist eine Eigenschaft, die – besonders im politischen Geschäft – nur von kurzer Dauer ist und daher nicht sehr weit trägt. Sobald der Kandidat mit Erfahrung gesättigt ist, ist sie schon dahin. Nur zu verwenden, wenn einem nun gar nichts anderes einfallen will.

verkrustet sind grundsätzlich ⇒Strukturen. Warum eigentlich, ist nicht so recht klar. Rein theoretisch könnte es auch *nicht verkrustete* Strukturen geben und könnte es etwas anderes als Strukturen geben, das *verkrustet* wäre, zum Beispiel Heizsäulen in Warmwassergeräten.

vernetzt In der Form des *vernetzten Denkens* gebräuchlich. Im Unterschied zum nicht *vernetzten* Denken ist das *vernetzte Denken vernetzt* in dem Sinne, daß es mehrere einfache und isolierte Denkakte in vielfältige Beziehungen zueinander setzt. In der Vorstellung derjenigen, die den Begriff des *vernetzten Denkens* verwenden, gleicht es neuem Denken. Altes Denken ist in dieser Sicht auf starre, meist chronologische, konsekutive, kausale, finale oder hierarchische Kategorien beschränkt. *Vernetztes Denken* hingegen ist multidimensional, gleichzeitig, spontan, intuitiv, also chaotisch und deshalb kreativ. Dazu ist ernüchternd, besserwisserisch und leicht hämisch zu bemerken, daß erstens alles Denken irgendwie *vernetzt* ist, daß sich zweitens die Qualität des Denkens nach der Art der *Vernetzung* oder Kombination bemißt und daß drittens chaotisches Denken allein nur konfus ist, nicht aber kreativ. Lassen Sie sich trotzdem nicht beirren. Ohne *vernetztes Denken* – warum übrigens nicht auch *vernetzte* ⇒*Denke*? – sollten Sie sich nicht einmal an die Bambus-Theke im Single-Club auf der TUI-Insel setzen.

vorläufig Wo Flexibilität großgeschrieben wird, steht logischerweise das *Vorläufige* hoch im Kurs. Zwar gilt es de facto, aber eben nur solange, wie die *Vorläufigkeit* nicht aufgehoben ist. Dabei ist zu unterscheiden zwischen zwei Kategorien: *vorläufig endgültig* und *endgültig vorläufig*. Ein Übergang von einer Kategorie zur anderen ist nicht ausgeschlossen, wie am Beispiel sogenannter »Arbeitstitel« oder »Arbeitshypothesen« zu ersehen ist. Beliebt ist auch die *vorläufige Endfassung* oder auch die *vorläufige Abschlußkonferenz*, die die

Tür zu weiteren Konferenzen nicht endgültig zuwirft. Nur *vorläufig endgültig* eben.

wertig, früher »wertvoll«. So wie der »Wert« seine ⇒Wertigkeit eingebüßt hat, wird »wertvoll« heute mit einem Reklameslogan alter Zeit assoziiert (Nie war er so wertvoll wie heute) und ist daher durch *wertig* ersetzt worden.

wertvoll Beiträge, insonderheit Diskussionsbeiträge, können beim besten Willen nicht immer nützlich sein. Wie reagieren? Anstatt einer mühsamen Beweisführung oder einer hitzigen Attacke bietet sich da ein zugleich höfliches, aber doch für jeden Eingeweihten deutliches Qualifikativum an: *wertvoll.* Wer allerdings erleben muß, daß seine Vorträge immer wieder als *wertvoll* gelobt werden, sollte sich selbst ein Vortragsmoratorium auferlegen – bevor es andere tun.

wichtig Wer weiß, was *wichtig* ist, hat all jenen etwas voraus, die es nicht wissen. Mit diesem Wissen ausgerüstet, ist er selbst *wichtig,* während der namenlose Rest unwichtig ist. Haben Sie ein gutes Buch gelesen? Oder haben Sie es nicht gelesen? Erwähnen Sie, daß das Buch ungemein *wichtig* ist. »Ein *wichtiges* Buch, ein *wichtiger* Autor« ist eine schöne Formel, die Ihnen das Profil intellektueller Bedeutsamkeit verleiht. Als Vorwissen reicht gewöhnlich die Kenntnis des Klappentextes.

zeitkritisch Zeitkritik ist eine brotlose Kunst. Da wäre es doch erstaunlich, wenn *zeitkritisch* ein Begriff des Elitedeutschen wäre. Aber Zeit ist Geld. Und so bedeutet *zeitkritisch* heute schlicht, daß die Zeit knapp ist (»Wenn Sie die Ware bis morgen haben wollen, wird es *zeitkritisch*«).

zeitnah Das naive alltagssprachliche »rasch« ist im Elitedeutschen durch *zeitnah* (auch gern: *im zeitlichen Nahbereich*) ersetzt worden. Was nämlich im außerberuflichen Alltag noch keiner begriffen hat, ist: Der Zeitbegriff ändert sich. Zeit wird zum Synonym für Geschwindigkeit und Unmittelbarkeit. Die Rhetorik verselbständigter Schnelligkeit hat ihre eigene Logik. Die Steigerungsform von *zeitnah* lautet *zeitgleich* oder *zeitlich parallel* statt *zu gleicher Zeit* oder *gleichzeitig*. *Rechtzeitig* wurde in *zeitgerecht* umgemünzt. Übrigens ist das alte *inzwischen* von einem eleganten Neologismus abgelöst worden: *zwischenzeitlich*.

Andere Wortklassen

alldieweil Diese altertümliche Konjunktion erlebt seit ca. 25 Jahren eine Renaissance, allerdings in der fehlerhaften Bedeutung von »weil« – weil es eben so ähnlich klingt und doch viel vornehmer. Die Bedeutung von *alldieweil* entspricht der von »zumal«: es leitet einen als bekannt vorausgesetzten oder zusätzlichen Grund ein, nicht aber wie »weil« einen noch unbekannten und ersten. Ein Hinweis: Meiden Sie *alldieweil*, es klingt nicht nur barock, sondern zudem haftet ihm heute etwas vom Barock in seiner Gelsenkirchener Prägung an.

am Markt Waren und Dienstleistungen müssen sich nicht im oder auf dem, sondern *am Markt* behaupten. Damit ist nicht etwa gemeint, daß die Behauptung seitlich des Marktgeschehens zu erfolgen hat, sozusagen in einer Art Schutzzone, sondern im Gegenteil mitten im Markt. Daher sollten Hochzeitsredner den Jungvermählten nicht weiter predigen, sie müßten sich in der Ehe bewähren, sondern *an* der Ehe. Und daß Frankfurt *am* Main liegt, bedeutet in elitedeutscher Umdeutung, daß die Mainmetropole neuerdings ihre Zelte mitten im Main aufgeschlagen hat.

angesichts Gelehrte, aber auch ungelehrte, jedenfalls aber problematisierende Texte und Ausführungen sollte man mit *angesichts* beginnen. *Angesichts* ist nicht wirklich kausal, vermittelt aber dafür den Eindruck eines irgendwie gearteten Zusammenhangs zwischen einer behaupteten Tatsache und der Dringlichkeit des zu behandelnden Themas (im universitären Kontext auch gern als »Forschungsdesiderat« bezeichnet). Nach *angesichts* empfiehlt sich sodann ⇒zunehmend, weil es einen Sachverhalt bezeichnet, der wenigstens quantitativ neu ist (qualitativ neue Sachverhalte sind ja so selten, daß sie allein die Tonnen grauer Prosa nicht hervorbringen würden). Nun noch ein dynamisches Substantiv, und der Anfang ist gemacht: »*Angesichts* der zunehmenden Verflechtung von Wissenschaft und Gesellschaft stellt sich mit wachsender Brisanz die Frage...«.

auch und gerade Formel, die zugleich Trost und Unentschiedenheit ausdrückt. Die Tröstung ist wichtiger Bestandteil von *auch*, das untergeordnete Aspekte nebenordnet oder vernachlässigte Interessen und Bedürfnisse jedenfalls scheinbar in ihr Recht setzt, was schon jedes Kleinkind weiß, das ein größeres Geschwister vor der Nase hat (Kind: »*Auch, auch*!«; Eltern: »Ja, Du *auch*.«). *Gerade* hingegen treibt die Tröstung so weit, daß es in Widerspruch zu *auch* gerät. Denn *gerade* betont die zentrale Bedeutung eines Sachverhalts (»*Gerade* Ihr ⇒Beitrag ist uns wichtig!«), während *auch* etwas weniger Wichtiges in den Rang des Ebenbürtigen erhebt. Wer also sagt »*Auch und gerade* Ihr Beitrag ist uns wichtig« schwankt zwischen zwei Rängen, was gerade für den Angesprochenen peinlich ist.

darüber hinaus Wenn der rastlose Geist seinen ⇒Horizont erweitert, gerät das, was bei normal Sterblichen eine schlichte Akkumulation von Halbwissen ist, zur

⇒grenzüberschreitenden Bewußtseinserweiterung. Zusätzliches Wissen darf daher nicht einfach additiv beschrieben werden; es wird *darüber hinaus* erworben. Im Unterschied zu aus der Mode gekommenen Konjunktionen wie »außerdem« oder »ferner« scheint in *darüber hinaus* das stetige Mühen um bedeutungsschwangere Transzendenz auf.

einmal mehr, früher »noch einmal«, »wieder einmal« oder »erneut«, ist besonders bei denjenigen Vertretern moderner Funktionseliten beliebt, deren Nachrüstungsanstrengungen im Bildungsbereich mit ihrer sich rasant entwickelnden Popularität nicht Schritt halten konnten: »Von daher ist der Ball, sag' ich mal ganz ungeschützt, plötzlich *einmal mehr* im deutschen Tor gewesen.«

in Wo finden wir die Krisenregionen der Gegenwart? *In* Irak, *in* Iran, *in* Sudan, *in* Libanon. Eigentlich seltsam, denn diese Länder mit Neigung zur Brachialgewalt dürfen seit alters her im Deutschen den bestimmten Artikel mit sich führen (also *der* Irak, *der* Iran, *der* Sudan, *der* Libanon). Dann wären die Krisenregionen *im* Irak usw., nicht aber *in* Irak. Noch verwirrender ist, daß man inzwischen *nach* USA reist, obwohl es doch *die* USA heißt, folglich müßte man *in die* USA reisen. Hm. Zugegeben, diese Überlegungen sind weder für Saddam Hussein noch für Bill Clinton handlungsleitend. Aber wenn man im Ausland unsere Sprache schon nicht mag, so sagt man ihr doch wenigstens den Vorzug eines ausgefeilten Systems zur Beschreibung von Räumen und Richtungen nach. Vermutlich übersteigt unsere sprachliche Raumordnung unsere Fähigkeiten. Da bietet sich als richtungsanzeigende Präposition *nach* und als ortsanzeigende *in* an. Der Kölner macht's vor: »Isch bin *in* Libanon *nach*'em Arzt jejange.«

insbesondere hat in gehobener administrativer Prosa die Synonyme »besonders« und »vor allem« verdrängt, weil *insbesondere* das ganz Besondere hervorhebt, wovon es offenbar besonders viel gibt, so häufig ist nämlich *insbesondere*. ⇒Darüber hinaus klingt es so vornehm. Noch vornehmer klingt »insonderheit«, so daß es auch für dieses Wörtchen vielleicht noch einen Hoffnungsschimmer gibt.

mehr Die Grenzen des Wachstums sind noch längst nicht erreicht, vor allem wenn es um nicht zählbare Größen geht. Das Einläuten des Seniorenjahres 1999 gab denn auch nicht zu einem Ruf nach *mehr* Senioren Anlaß, wohl aber zu einem Appell für *mehr* Solidarität mit Senioren. Gewiß, es ist nicht eben leicht, die Menge an bisher bestehender Solidarität mit Senioren zu bestimmen, wozu man aber imstande sein sollte, um zu beurteilen, ob denn *mehr* Solidarität erforderlich ist. Aber wer wird denn in einer Wachstumsgesellschaft weniger Solidarität fordern wollen? – Mengentheoretisch interessant ist übrigens auch die Zeitungsmeldung, der zufolge »immer *mehr* Menschen sterben.« [siehe auch ⇒wachsen, ⇒zunehmend].

meistens immer »Wir fahren«, sagt ein Kunde im Reisebüro, »im Urlaub *meistens immer* nach Spanien.« Da fragt man sich: Kann es sein, daß meistens gilt, daß etwas immer wahr ist? Doch hören wir weiter: »Wirklich?«, fragt ein anderer Kunde ungläubig. »Wir bevorzugen jetzt Italien. Bei den spanischen Hotels weiß man doch *meistens nie*, was einen erwartet.« Das würde bedeuten, daß meistens gilt, daß etwas nie wahr ist. *Meistens immer* und *meistens nie* mögen dem Logiker in den Ohren klingen; die beiden Kunden im Reisebüro handeln schlicht pragmatisch: Sie gebrauchen Formeln, die einen Kompromiß darstellen zwischen der Verve, die nach absolutem Ausdruck drängt (*immer, nie*), und mäßigendem Realismus (*meistens*). So unsinnig sind *meistens immer* und *meistens nie* also nicht. Vor weiteren Verfeinerungen der Häufigkeitsskala muß jedoch gewarnt werden. Sonst heißt es in einigen Jahren, man sei *meistens immer nie* mit den spanischen Hotels zufrieden, worauf entgegnet wird, man habe aber mit den spanischen Hotels *fast so manchmal wie meistens immer nie* gute Erfahrungen gemacht.

sozagn Eigentlich »sozusagen«. Bei Vielrednern übernimmt *sozagn* oft die Funktion eines Zögerungsmerkmals wie zum Beispiel »äh«, »ähm«, »öh«, ohne allerdings als solches direkt erkennbar zu sein. Erst die manische Wiederholung macht *sozagn* als phonetisches Signal für einen parallel zum Sprechen stattfindenden Denkvorgang kenntlich.

und, und, und Der Satzabschluß erfolgt in elitedeutschen Schilderungen häufig durch *und, und, und*. Diese dreifache Wiederholung ersetzt das fremdländische »etc.« und das altbackene »usw.« *Und, und, und* folgt dem logischen Prinzip, daß die Wiederholung die einzige Möglichkeit ist, sich nicht zu widersprechen.

von daher verpflichtet den Sprecher nicht auf eine logische Kategorie, sondern deutet einen lockeren Zusammenhang an. So zum Beispiel: »*Von* der Veranstaltung *her* war der Abend gelungen«. Da kann man ins Grübeln kommen. War nur die Veranstaltung gelungen, aber der Abend nicht? Schwer vorstellbar, denn es handelte sich um eine Abendveranstaltung, folglich bestimmte die Qualität der Veranstaltung die des Abends. Aber das ist eben der Vorteil von *von daher*. Man vermeidet ein klares Urteil über die Abendveranstaltung als ganze. Man deutet sein Urteil nur an, und im Rückzug auf sprachliche Relativierung schafft man jene Unbestimmtheit, derer ein wohlig lauer Pluralismus bedarf.

zumindestens In einem Café tritt ein Gast einem anderen auf den Fuß, eilt aber wortlos dem Ausgang zu. »Sie können sich ja *zumindestens* entschuldigen!«, ruft das Opfer empört dem Täter hinterher. *Zumindestens?* Oder mindestens? Oder zumindest? Oder zum mindesten? Warum hat der aufgeschreckte Gast die elitedeutsche Form *zumindestens* verwendet und nicht die anderen eingeführten Formen? *Mindestens* wäre zu schlicht gewesen und wird außerdem vorzugsweise bei zählbaren Gegenständen gebraucht. *Zumindest* und *zum mindesten* klangen dem Gast in seiner Empörung zu gestelzt. Da bot sich *zumindestens* als Synthese an, die zwei Vorteile hat: Erstens paßt sie das zu schlicht klingende *mindestens* und die zu getragen klingenden Formen *zumindest* und *zum mindesten* dem alltäglichen Bedarf an ärgerlichen Reaktionen an. Zweitens markiert *zumindestens* durch sein abschließendes »s« in Anlehnung an »höchstens« oder »wenigstens« den Superlativ besonders deutlich. Und Deutlichkeit ist bei einem Vorwurf gefragt.

zunächst einmal Eiferer mögen vorpreschen – Sie lehnen sich zurück und bedenken *zunächst einmal* den Sachstand. Damit gehen Sie *zunächst einmal* einen Schritt hinter die Argumente der Hitzköpfe zurück, was jene aus dem Konzept bringt und Ihnen den Vorteil verleiht, den Gesprächsrhythmus zu bestimmen. Indem Sie *zunächst einmal* in aller Ruhe die Prämissen der Behauptungen Ihrer Kontrahenten ⇒ansprechen, diktieren Sie ein verlangsamtes Tempo der Bedächtigkeit, das sich wie ein Nebel über Ihre Gesprächspartner legt. Eine gute Voraussetzung, um nahezu unbemerkt Ihre eigenen Vorstellungen durchzusetzen.

zunehmend Nimmt auch das Zutrauen in die menschliche Intelligenz ab [siehe ⇒intelligent], so wächst doch alles andere. Und zwar so gewaltig, daß man das Wachstum längst nicht mehr mit dem Komparativ bezeichnen kann. Da muß schon ein anderes Kaliber her. Ein solches ist *zunehmend*. Noch ist der elitedeutsche Muttersprachler unsicher, ob er *zunehmend schwierig* oder *zunehmend schwieriger* sagen soll. Eine Minderheit hält *zunehmend weniger* noch für einen Widerspruch und *zunehmend mehr* für eine Tautologie. Zu Unrecht, denn *zunehmend* hat einfach »immer« verdrängt (immer mehr, immer weniger). Mancher mag die folgende Formulierung problematisch finden: »Wir sind froh, *zunehmend so viel* Resonanz zu finden.« Das darf man eben nicht so eng sehen.

Nachwort

Andere sammeln Briefmarken, Münzen, Oldtimer. Als Sprachmüllsammler bin ich dem Ruf der ausgestorbenen Alteisensammler (»Lumpen, Eisen, Papier, alte Öfen«) gefolgt und notiere, schneide aus und zeichne auf, was mir dahin zu gehören scheint, wo es partout nicht hin will, nämlich auf den sprachlichen Müllberg.

Der in diesem Buch karikierte elitedeutsche Sprachmüll besteht aus Bläh-Formen wie *Kultur der Anstrengung*, aus Tautologien wie *kooperative Zusammenarbeit*, aus mißglückten Metaphern wie *Wohnreich*, aus heimlichen Umdeutungen wie *Systemveränderer*, aus unnötigen Wortimporten wie *Milestone*, aus Beschönigungen wie *Einleitung* (von Giftmüll in Gewässer), aus leeren Abstraktionen wie *Struktur* und aus der Aushöhlung von Begriffen wie *Philosophie*.

Sprachmüll hat es immer gegeben und wird es immer geben. Die Sprache unterliegt keinem Zensor, weder einem politischen noch einem akademischen. Und das ist gut so. Der Sprachgebrauch wird aber wohl beeinflußt. Und zwar gerade von den verschiedenen Eliten, die aufgrund der ihnen gewährten öffentlichen Aufmerksamkeit ihre eigenen Wortschöpfungen mit der Aura des Prestiges und der Wichtigkeit ausstatten können und damit den Hebel der Nachahmung, der massenhaften Verbreitung in Gang setzen.

Deshalb sollte die Sprache oder besser der Gebrauch, den man von ihr macht, darauf hin geprüft werden, ob sie ihre Aufgaben erfüllt, also das, was ihre Sprecher mit ihrer Hilfe zu leisten beanspruchen. Natürlich gehört zu den Aufgaben der Sprache oder des Sprachgebrauchs auch das Angeben, Täuschen, Übertünchen, Schönreden, Übertreiben. Als menschliches Denk- und Ausdrucksmittel wäre eine Sprache, die dies nicht könnte, nicht praktikabel. Zu den Aufgaben der Sprachgemeinschaft gehört es aber auch, derartiges Sprachhandeln zu erkennen, zu durchschauen, ihm nicht auf den Leim zu gehen. Dies betrifft vor allem die Sprache der Öffentlichkeit, also die Art, wie die Sprache in öffentlichen Debatten und Ansprachen, in den Medien und in der Werbung gebraucht wird.

Sprachmüll ist nicht nur etwas, das zum Spott, zum Zorn oder zum Angriff reizt, weil er andere oder einen selbst in die Irre führt. Am Sprachmüll lassen sich auch gesellschaftliche Gruppeninteressen und Denkrichtungen ablesen.

Der in den siebziger Jahren ausgerufene »Kampf um Worte« gehört nach wie vor zum politischen Alltagsgeschäft, wenn auch in weniger ideologisch geprägter Form als damals. Sprachmüll kann aber auch politische Ratlosigkeit aufdecken. Denn gerade dann, wenn die Akteure ratlos sind, werden sie besonders sprachgewaltig. Wer also Sprachmüll sammelt, findet nicht nur sprachliche Mißgriffe, sondern ebenso ungelöste gesellschaftliche Aufgaben. Ja, die Höhe des sprachlichen Müllbergs dürfte mit der Menge ungelöster gesellschaftlicher Aufgaben korrelieren, jedenfalls, was den öffentlichen Sprachgebrauch betrifft.

Welches sind die hervorstechenden Eigenschaften des gegenwärtigen öffentlichen Sprachgebrauchs, so wie er in diesem Wörterbuch dargestellt wird?

Als erstes die *scheinbare Entpolitisierung*. Die späten sechziger und die siebziger Jahre waren noch durch eine Renaissance klassenkämpferischer Debatten geprägt. Parellel zum Ende der marxistischen Sektierergrüppchen setzten Ende der siebziger Jahre drei Bewegungen ein, die einer radikalen Umwälzung der Gesellschaft abschworen und keinem klassischen politischen Lager angehörten: Friedensbewegung, Frauenbewegung und Umweltbewegung. Ihr eher psychologisierendes, »softes« Vokabular hat auch im heutigen öffentlichen Sprachgebrauch Spuren hinterlassen. Entscheidender für die scheinbare Entpolitisierung des Sprachgebrauchs aber war die Wende von 1989. Mit dem kläglichen Ende des real existierenden Sozialismus sahen sich Konservative und Liberale plötzlich ihres Feindbildes beraubt. An die Stelle klassischer politisch-semantischer Lagerkämpfe ist seither eine eher betriebswirtschaftliche Debatte getreten, die entlang scheinbar unpolitischer Begriffe wie *Standort, Globalisierung, Machbarkeit* etc. verläuft. Die letzten Reste ideologisch klar verorteten Vokabulars wie zum Beispiel *Systemveränderer, Revolution, radikal* oder *reaktionär* sind längst zu besitzlosen und beliebigen Hülsen verkommen. Natürlich wird im politischen Schlagabtausch, wie zu allen Zeiten, die Interessegebundenheit der Positionen verschwiegen (als wäre sie etwas Unanständiges). Insofern ist die Entpolitisierung des politischen Vokabulars nur scheinbar. Es kommt nur nicht mehr in klassischen politischen Begriffen daher, sondern in solchen der Ökonomie. Die Ökonomisierung des politischen Vokabulars verdeutlicht aber auch, daß es derzeit um originär politische Ideen schlecht bestellt ist. Ob dies eher ein Vorteil als ein Nachteil ist, steht noch dahin.

Als zweites die *Unbestimmtheit*. Zahllose Schlüsselbegriffe des öffentlichen Sprachgebrauchs, man denke an *Vision, Struktur* oder *Synergie*, beschreiben weder faßbare Sachverhalte noch Gedanken. Es sind leere Abstraktionen. Sie wollen Bedeutsamkeit zum Ausdruck bringen, ohne Bedeutung zu vermitteln. »Plastik-Wörter« hat sie der Sprachwissenschaftler Uwe Pörksen einmal genannt. Aber auch um erdhafte Ausdrücke mit scheinbarer Anschaulichkeit, die in Ergänzung zu den vagen Begriffen lateinischer oder griechischer Herkunft beliebt sind, ist es nicht besser bestellt: Komposita wie *-landschaft, -feld, -welt* gaukeln Anschaulichkeit nur vor. In Wirklichkeit ist die *Konjunkturlandschaft* ebenso unanschaulich wie die *Konjunktur* allein. Man muß sich schon die Mühe machen, die Konjunktur als wirtschaftliches Phänomen zu begreifen (solange es sich nicht um die Konjunktur im übertragenen Sinne handelt). Worauf ist die Neigung zur Unbestimmtheit zurückzuführen? Auf die Verlegenheit, nichts genau zu wissen, wohl aber zu meinen, etwas sagen zu müssen, und zwar Bedeutendes. Und auf die Dreistigkeit, das Wort zu ergreifen, auf daß der andere einem zuhöre, aber nichts Konkretes sagen zu wollen. Gewiß gibt es Situationen, in denen ein vorsichtiges Herantasten an den Gesprächsgegenstand berechtigt ist. In der Diplomatie würden offene Worte die behutsame Lösung heikler Konfliktsituationen oft eher erschweren. Aber die allgegenwärtige Unbestimmtheit im Sprachgebrauch ist ja nicht auf das Auswärtige Amt zurückzuführen. Nein, man gebärdet sich gern ominös, gespreizt und eingeweiht, und dazu ist weniger eine erarbeitete Sachkenntnis als die Kenntnis von Schlüsselbegriffen, von Jargonismen erforderlich. Sprache dient dann nicht der Vermittlung und Diskussion von Informationen (Sachverhalte, theoretische Modelle, Gefühle etc.), sondern der Besetzung des Sprachraums.

Als drittes der *Schein*. Die Umdeutung von Begriffen, die einst eine relativ klar umrissene Bedeutung hatten, wie zum Beispiel *Kultur, Kreativität* und *Philosophie*, macht das Alltagsleben nicht kultureller, kreativer oder gar philosophischer. Indem alles und jedes mit der Aura von Begriffen umhüllt wird, die eigentlich etwas höchst Außergewöhnliches bezeichnen, wird alles und jedes nur scheinbar bedeutender. Hartmut von Hentig hat dies kürzlich anhand des inflationär gebrauchten Begriffs der Kreativität vorgeführt. In Wirklichkeit werden Sinnbezirke aufgelöst und dem Schein der Bedeutsamkeit geopfert. Hinter dieser Umdeutungsstrategie steckt ursprünglich eine grenzenlose Eitelkeit. Die massenhafte Verbreitung wird durch gedankenloses Nachplappern besorgt.

Als viertes die *Übertreibung*. Was heute als *unheimlich spannend, Erlebnis, Katastrophe, Herausforderung* oder *Risiko* nobilitiert wird, löst den mit diesen Begriffen normalerweise verbundenen Anspruch nicht annähernd ein. Der Hang zur Dramatisierung von Alltäglichem verrät den Druck, unter den die Erlebnisgesellschaft den einzelnen setzt bzw. dem er sich selbst aussetzt. Wenigstens »heute ein König«, wenn schon nicht immer, lautet die Devise. Dabei ist das tägliche

Quantum an Abenteuern in der verwalteten und durchorganisierten Welt durchaus dürftig. Das *Erlebnis* reduziert sich auf das *Kauferlebnis*, *spannend* ist die neue *Frühjahrskollektion*. Aber wenn schon nicht in Wirklichkeit oder Vorstellung, sollen die kümmerlichen Abenteuer wenigstens in der Sprache stattfinden.

Als fünftes die *Humorlosigkeit*. Das Elitedeutsche gebärdet sich zwar nicht gerade ernsthaft (im Sinne von Sorgfalt, Genauigkeit), kommt aber mit unübertroffener Verkniffenheit daher. Das Pathos, mit dem leere Abstraktionen verkündet werden, scheut naturgemäß jede ironische Brechung wie der Teufel das Weihwasser. Doch ist dieser Zug des Sprachgebrauchs nicht für die Gegenwart spezifisch. Er ist Teil der deutschen Mentalität, deren Erhebung zur »Leitkultur« noch einmal gründlich überdacht werden sollte. Zu Recht sind die Deutschen von Otto F. Best als »Volk ohne Witz« gegeißelt worden. Ironie und Witz sind uns fern wie je, und nichts verstört einen Sprecher des Elitedeutschen mehr als eine ironische Anmerkung. Wenn gelacht werden soll, dann bitte erst nach vorheriger Ankündigung oder in dafür vorgesehenen Sendeformaten. Es ist die Unberechenbarkeit und Zwecklosigkeit des Anarchisch-Spielerischen, die unsere durchorganisierte Zivilisation so fürchtet.

Die beschriebenen Eigenschaften des Elitedeutschen sind als menschliche Charakterzüge oder Neigungen universell verbreitet. Ihre penetrante Allgegenwart im deutschen Sprachgebrauch dürfte dagegen einmalig sein. Genauigkeit, Einfachheit und Ironie prägen den angelsächsischen Sprachgebrauch. Die Franzosen neigen zwar zu Pathos, aber auch zu urplötzlicher Lust am

Wortspiel – eine seltene Mischung. In der Residenz des französischen Botschafters in Bonn liegt für alle Gäste sichtbar ein üppig gestalteter Foliant aus, in dem die originellsten (und bösartigsten) Zwischenrufe aus der Parlamentsgeschichte der vierten und fünften Republik zusammengetragen sind.

Das Besondere am deutschen Sprachgebrauch ist, daß hierzulande kein Sprachbewußtsein als Filter wirkt. Ein Sprachbewußtsein würde auf folgenden Annahmen beruhen: Sprache ist nicht nur Ausdrucksmittel des Denkens, sondern formt das Denken mit. Der Sprachgebrauch ist ein Teil des Handelns in der Gesellschaft. Die eigene Sprache ist eine besondere, gewachsene und geformte Struktur; als Teil einer bewahrenswerten sprachlichen Vielfalt sind ihre Ausdrucksmittel von Wert. Unsere Zivilisation und Gesellschaftsordnung gründen sich maßgeblich auf Redefreiheit, die mit der Gewährleistung von Ausdrucksfähigkeit und der Verpflichtung zu einigermaßen sorgsamem öffentlichem Sprachgebrauch verknüpft ist.

Die »ungeliebte deutsche Sprache« (DER SPIEGEL) gilt aber der sprechenden Mehrheit nicht als Werkzeug einer Zivilisation, sondern als holpriger und komplizierter Regionaldialekt, als krudes, konsonantisches Behelfsmittel. Das anbiedernde Verhältnis, das die Deutschen zum Anglo-Amerikanischen unterhalten, ist nur ein Indiz. Ein weiteres ist übrigens auch die Aufregung über die Rechtschreibreform, die sich nicht etwa einem plötzlich aufflammenden Interesse an der eigenen Sprache verdankt, sondern der Verstörung über die Abänderung eines bisher üblichen, nicht einmal beherrschten Regelwerks.

Größenwahn oder Kleinmut: Zwischen diesen Polen irrt und wirrt es in deutschen Breiten mächtig. Ein ausgewogenes Sprachbewußtsein ist nicht zu erkennen. Könnte Sprachbewußtsein vielleicht aber auch einmal vernünftig, aufklärerisch, mit Maß entwickelt und gehandhabt werden? Es wäre schon viel gewonnen, wenn Germanistik und Publizistik sich dazu herabließen, Sprachkritik zu betreiben, anstatt sich – wie die Germanistik – auf reine Beschreibung zurückzuziehen oder – wie die Publizistik – der Sprachkritik ein Schattendasein zu verordnen.

Index

Substantive

Achtundsechziger 9
Aktivität 9
Akzeptanz 10
Alternative 11
Ambiente 11
Anfaßbarkeit 12
Ängste 12
Anpassung 13
Anstrengung 13
Anwendung 14
Arbeit 14
Arbeiter 14
Aufgeregtheiten 15
Ausfluß 15

Banker 16
Baustelle 16
Bedarf 16
Bedenkenträger 17
Bedingungen 18
Begriff 18
Beitrag 19
Bereich 19
Bereitschaft 20
Berg 21
Besitzstandswahrer 21
Bewältigung 22
Bewegungsraum 23
Beziehungsgeflecht 23
Bilanz 24
Biographie 24
Blockade 25
Bordelier 26
Brücke 26
Bündel 26
Bürgerverdrossenheit 27

Chancen 27
Chaos 28
Chemie 28
Commitment 29
Controller 30

Defizit 30
Denkanstöße 31
Denke 31
Desintegration, soziale 32
Dialog 32
Dimension 33
Diskurs 34
Diskussionswissenschaften 34
Dynamik 34

Ecken und Kanten 36
Eckpfeiler 36
Effektivität 36
Effizienz 37
Einleitung 37
Elite 38
Empfindungstemperatur 39

Erlebnis 40
Erotik 41
Ethik 42
Essentials 43
Euroland 44
Experte 44
Exzellenz 45

Fähigkeit 45
Falle 47
Feld 47
Feldgottesdienst 48
Flut 49
Folie 50
Formsprache 50
Fortbildung 50
Fortschritt 51
Frage 52
Fragestellung 52
Füllhorn 53
Fun 53

Ganzheitlichkeit 53
Generation 54
Geschlossenheit 54
Gesellschaft 55
Gesinnungsethiker,
linksmoralischer 57
Globalisierung 58
Grenzen 59
Grenzsituation 59

Handlungsunfähigkeit 59
Häppchen 60
Hausaufgaben 61
Hausnummer 61
Herausforderungen 61
Hochbegabte 62
Horizont 62
Horrortrip 63

Identität 63
Impulsgespräch 64
Impulsreferat 65
Individualisierung 66
Information 66
Innovation 67
Islamist 68
issue 69

Katalog 69
Katastrophe 70
Katastrophendenker 70
Kompetenz 71
Kommunikation 72
Komplexität 73
Konsensromantiker 74
Konsensseligkeit 74
Konturen 74
Konzept 75
Konzeption 75
Kooperation 76
Koordinaten 76
Korridor 76
Krawalleur 77
Krise 77
Kritikfähigkeit 78
Kultur 78
Kuschelklassik 80
Lagerdenken 80

Land 81
Landschaft 81
latecomer 81
Lebenszusammenhänge 82
Leistung 82
Leitkultur, deutsche 83
Location 83

Machbarkeit 83
Management 84
Markenbewußtsein 85
Marktradikaler 86
Mehltau 86
Meinung 86
Milestone 87
Mißverständnis 88
Mitbewerber 88
Miteinander 88
Mittelpunkt 89
Mobilität 89
Modul 90
Möglichkeiten 90
Motor 91
Muster 92
Mythos 92

Nachdenklichkeit 92
Nachhaltigkeit 93
Nachkohlzeit 93
non-paper 94
Nulltarif 94

Offenheit 94
Offensive 95
Optik 95
Optimierung 96
Orgien 96
Ort 97

Paket 97
Panik 97
Partner 98
Plastik 99
Politik 99
Potential 99
Priorität 100
Problem 101
Problematik 101
Problematisierung 102
problemo 102

Rahmen 102
Rahmenbedingungen 103
Ratlosigkeit 104
Raum 104
Reibungskonflikte 104
Reich 105
Revolution 105

Sahnehäubchen 105
Schauspieler und Tänzerin 106
Schlüsselposition 106
Schnittstelle 107
Schritt 107
Schwelle 107
Spannungsfeld 108
Spontanbesuch 109
Stammbuch 109
Standort 109

Stau 110
Steinbruch 111
Struktur 111
Strukturreaktionär 112
Studierende 113
Stück, ein Stück weit 113
Sympathieträger 114
Synergie 114
Systemkritiker, Systemveränderer 115

Tagesbaustelle 116
Talk 116
Talsohle 117
Technologie 117
Thematik 117
Transparenz 118

Umbau 118
Umbruch 119

Versäumnis 119
Vielfalt 119
Visagismus 120
Vision 120

Wandel 120
Wege 121
Welt 121
Wertigkeit 122
Wertschöpfungskette 122

Zielgruppe 122
Zumutungspolitiker 122

Verben

abfrühstücken 124
abholen 125
Akzente setzen 125
andenken 125
andiskutieren 126
ansprechen 126
aufbrechen 127
aufsetzen auf 127
aufs Fax legen 128
ausloten 128
brauchen 128
brummen 129
denken 129
differenzierter sehen 130
eindampfen 130
eindenken 131
ernst nehmen 131
erringen 131
fahren 131
festzurren 132
fit machen 132
fordern 132
freischaufeln 133
gelten 133
gestalten 133
herunterbrechen 134
in die Hand nehmen 134
kannibalisieren 135
leben 135
leid tun 135
lernen 136
machen 136

maximieren 137
minimieren 137
modularisieren 137
nah bei jemandem sein 138
optimieren 138
packen 139
positionieren 139
priorisieren 139
problematisieren 140
rundlutschen 140
sagen 140
schaufeln 141
sichern 142
stehen bleiben 142
surfen 142
umgehen 143
umsetzen 144
unterbrechen 144
verdrängen 144
verhalten 145
vernetzen 145
versagen 146
verschlafen 146
wachsen 147
wegbrechen 147
weitergehen 147
zementieren 148
zu Ende denken 149

Adjektive

alarmierend 150
anders 150
buchhaltérisch 151
dramatisch 151
extrem 151
flächendeckend 152
freundlich 152
fristig 153
fundiert 153
geradlinig 154
grenzüberschreitend 154
holzschnittartig 155
intelligent 155
kompakt 155
konkret 156
kontraproduktiv 156
kritisch 157
lebenslang 157
locker 157
meist 158
mental 159
nett 159
optimal 160
partiell 160
persönlich 160
proaktiv 161
punktgenau 162
rasant 162
relevant 162
richtig 162
scharf 163
semi-offiziös 163

spannend 163
strukturell 164
systematisch 164
taggleich 164
tentativ 165
tiefgreifend 165
übergreifend 165
umfassend 165
unabdingbar 166
unbekannt 166
unbequem 167
unsentimental 167
unverbraucht 167
verkrustet 167
vernetzt 168
vorläufig 168
wertig 169
wertvoll 169
wichtig 169
zeitkritisch 169
zeitnah 170

Andere Wortklassen

alldieweil 171
am Markt 171
angesichts 171
auch und gerade 172
darüber hinaus 172
einmal mehr 173
in 173
insbesondere 174
mehr 174
meistens immer 174
sozagn 175
und, und, und 175
von daher 176
zumindestens 176
zunächst einmal 177
zunehmend 177